西安小史丛书

杜文玉 主编

祁剑青 著

历史名居

西安出版社

图书在版编目（CIP）数据

历史名居 / 祁剑青著． -- 西安 ：西安出版社，
2018.2（2021.4重印）
（西安小史丛书）
ISBN 978-7-5541-2980-7

Ⅰ．①历… Ⅱ．①祁… Ⅲ．①名人－故居－介绍－西
安 Ⅳ．① K878.2

中国版本图书馆 CIP 数据核字 (2018) 第 039928 号

西安小史丛书 · 历史名居

XI'AN XIAOSHI CONGSHU · LISHI MINGJU

主　　编：杜文玉
著　　者：祁剑青
统筹策划：史鹏钊　范婷婷
责任编辑：张增兰　邢美芳
责任校对：张忝甜
装帧设计：冯　波　梅月兰
出版发行：西安出版社
地　　址：西安曲江新区雁南五路 1868 号影视演艺大厦 11 层
电　　话：（029）85253740
邮政编码：710061
印　　刷：永清县晔盛亚胶印有限公司
开　　本：889mm×1194mm　1/24
印　　张：5.75
字　　数：89 千
版　　次：2018 年 2 月第 1 版
印　　次：2021 年 4 月第 2 次印刷
书　　号：ISBN 978-7-5541-2980-7
定　　价：52.00 元

读者购书、书店添货或发现印装质量问题，请与本公司营销部联系、调换。
电话：（029）68206213 68206222

序

一

　　坊间以西安或长安历史为题的著述多矣，为何还要编写并出版这样一本"小史"？这是我在阅读《西安小史》书稿之前心中的一个疑问。可是读完之后，却有了新的认识。

　　长安作为历史上最具盛名的都城，其特色鲜明，内涵丰富，为世所公认。即便从世界范围看，能够与之媲美的，也不多见。古代长安曾经集中了中国文化的精华，或者说，曾经是中华文化的典型代表。无论是其思想内容，还是其表达形式，皆堪称典范。要理解中国的历史及其同世界其他地区文明的关系，特别是解读中国制度文化的历史，离开了长安这座伟大的城市，恐怕是很难找到正解的。我们完全可以说，在当代中国，地理位置居中、但在感觉上略为偏西的西安，其实是理解中国传统与文化的一把钥匙，从某种意义上说，也是理解当代中国的关键之一。由于这样的历史地位和对于人类文化发展的贡献，有很多人为其著书立说，自是理所当然。

　　然而，我们能够读到的关于长安或西安历史文化的书籍，还是以严肃的研究类著述居多。这样性质的论著，对于学术研究的进步当然是很好的。可是，如今社会，有很多普通的民众，对中国文化的来龙去脉，以及如何一步步走到今天并不清楚。要回答这样的问题，学者们就应当基于严谨的学术态度，而用通俗易懂的语言，将历史的真实告之世人，从而显著地缩小当代与历史的距离，培育并增进那种本应得到继承，然而事实上却有些淡漠，甚至可以说睽违已久的民族历史情感。

在我看来，这正是此谦逊地自名为"小史"，内容却丰富多彩的读物所承载的使命。读完之后，我掩卷而思，甚感作者们用心之良苦、匠心之独运。作者都是专业人士，学养深厚。有此基础，故全书概念准确，内容丰富，取舍得当，读来令人饶有兴味。一卷在手，费时不多，古长安之历史兴衰及其对于当代的影响，可以有个初步的认识，这一点，是勿庸置疑的。

然而我还要特别指出，本书与许多类似的著述所不同的两个特点。

第一，近代以来，随着社会的变迁，长安文化在许多人看来不过是一种久远的历史存在。当然，国人和世界都不会不注意到古代长安的文化遗存，但注意力更多地停留在物质的或外在的表现方面，长安文化的精神与核心却往往是被忽视的。然而本"小史"却非常重视对内在精神文化的解读，虽笔墨不多，用语也并不佶屈聱牙，然有其深意在焉。我们知道，历史上所有伟大的城市，之所以千古留名，从根本上说，是因其体现了某种足以反映时代特征的伟大思想和精神。我们说起长安，就会情不自禁地联想到汉唐气象，这说明长安具有有别于其他古代城市的特殊精神气质。而其空间格局和建筑的样式等等，只不过是其思想与精神气质的外在表现，是思想与精神气质的物化。这一点，如果本书的读者稍加留意，是一定会注意到的。

第二，本书作者在娓娓道来之际，给自己确定了一个相当高的学术品格。这个品格除了以严谨的态度尊重历史事实之外，还体现为其视野和胸怀。我曾在另外一个场合说过，长安学的研究应当遵循一个基本原则，即要有历史起点、当代情怀和世界眼光。所谓世界眼光，是说解读长安或西安的历史，必须要超越今日西安的空间范围。换言之，我们不能坐井观天，而必须换个角度回望自己的历史。舍此，我们其实无法准确地解读长安或西安在中国历史甚至世界历史上的地位与影响。我相信，如果读者明白了这一点，就不会对本"小史"中的某些内容远离关中中部这个相对狭小的地理空间而感到诧异了。

总之，这是一套好书，我愿意向各位郑重推荐。我相信借助此书，我们一定能够同作者一起，分享根植于我们灵魂深处的对于西安、对于祖国、对于人类文明的深厚情感。

萧正洪

（中国古都学会会长）

2015 年 7 月 30 日

序二

　　西安古称长安，是我国乃至世界著名的古都，历史文化积淀十分深厚，是各国人民来华旅游必赴的目的地之一。为了弘扬陕西及西安悠久的文化、扩大宣传，西安曲江出版传媒股份有限公司组织专家学者撰写了一套名为《西安小史》的丛书，于2016年初正式出版。这套小丛书由六册书组成，分别是《汉长安城》《隋唐长安城》《西安十三朝》《西安历史名人》《西安文化名人》《汉唐丝绸之路》等，从宏观的角度向广大读者介绍了西安的地理、历史、文化以及以长安为起点的汉唐丝绸之路的情况。丛书涉及了近三千年的历史发展变化情况以及众多的历史人物，其中有许多著名的甚至具有世界影响的人物，反映了不同历史时期西安在文化方面所取得的辉煌成就。这套丛书出版以后，引起了热烈的反响，获得了专家学者以及广大读者的好评。

　　由于西安地区历史文化积淀深厚，一套丛书远远不能反映其历史的全部情况，同时受《西安小史》成功的激励，西安曲江出版传媒股份有限公司遂决定继续扩充这套丛书，仍由我担任主编。这一期《西安小史》每册书反映一个主题，其主要内容如下：

　　《明清西安城》：主要记述了明初西安城的扩建以及明秦王府城的建立、城市内部格局的变迁，如钟楼的移建、鼓楼的兴建、增筑关城，及首次形成门三重、楼三重的严密防御体系；清代对城墙的多次修葺工程，以及对护城河的多次疏浚，满城的修建，军政机构的兴置等。除此之外，还对这一时期西安的水陆交通、园林胜迹、文化教育、宗教信仰、商业贸易、对外交流等方面的情况，都有详尽的描述。

《文物精粹》：由于西安作为中国历史上最为古老亦是建都时间最长的都城，留下了辉煌灿烂的文物珍宝，本册主要选取了其中最有代表性、大都属于国宝级的文物。每件文物作为一个专题，详细地介绍其来历、造型、工艺等，尝试通过文物反映中华民族的悠久历史和灿烂文化，展现了我们祖先高超的手工业制造水平和精湛的工艺技艺，增强民族自豪感。

《寺庙道观》：西安作为我国古代著名的都市，宗教文化十分发达，在历史上有许多世界性的宗教都在这里传播过，除了佛教、道教外，伊斯兰教、火祆教、摩尼教、景教等，都在这里留下了许多遗迹。其中以佛教与道教的遗存最多，对前者而言，西安地区曾是全国的佛教中心，在八大佛教宗派中，六个宗派的祖庭都在西安。至于道教在全国的影响也是很大的，楼观派与全真派都诞生在西安地区，隋唐时期最著名的道观大都集中于西安，曾产生过广泛的影响。其他宗教遗存也很多，如著名的《大秦景教流行中国碑》、大秦寺塔等。本册对这些宗教寺观的起始、沿革、变迁以及建筑特点、所持的宗教理论等，均详细地进行了介绍。

《历史名居》：西安作为十三朝古都，曾经有许多历史名人居住过，留下了不少建筑遗存，即使一些遗迹已荡然无存了，但是其居所的地理标识在今天仍然能够寻找得到。为了追寻这些著名人物的足迹，我们专门策划了这一选题，查阅了大量的历史资料，把历代名居情况作了详细的梳理，并且把围绕这些名居的人物和故事也作了一些介绍。

《历代陵墓》：自周秦汉唐以来，西安地区曾经埋葬了许多帝王将相，有人曾以"东方帝王谷"相称，这些陵墓见证了沧海桑田，也留下了历史的斑斑印记。其中最著名的有黄帝陵、秦始皇陵、汉阳陵、汉茂陵、汉杜陵、唐昭陵、唐乾陵等。此外，还有大量的历史名人墓，如扁鹊墓、白起墓、霍去病墓、董仲舒墓、魏徵墓、上官婉儿墓、郭子仪墓、杨贵妃墓等。即使在两宋、明清时期，西安也有不少名人墓，如寇准墓、张载墓、明秦王墓群、李柏墓、王鼎墓等。本册主要围绕着这些陵墓，对其地理方位、墓葬特点、人物故事，包括陵墓园区内的石质雕塑的艺术特点等，都进行了较为详尽的介绍。

除了以上这些情况外，从总体上来看，这一套丛书还具有以下几个方面的共同特点：

首先，丛书依照《西安小史》的编撰特点，每册书约有百十个条目，每个条目约有数百字，把这一专题的相关内容简明扼要地介绍出来。因此，文字流畅，内容精练，知识性强，是本丛书的鲜明特点。

其次，每册书均收有数十幅非常精美的相关图片，与专题的内容十分切合，有助于读者更加直观地了解相关历史知识。因此，图文并茂，简明易懂，是本套丛书的又一个明显的特点。

再次，知识性强，信息量大。我们这套丛书的作者都是西安地区高等院校、文物考古部门的专家学者，均有博士学历，具有多年的教学或研究经历，在各自的相关领域取得了可喜的研究成果，且年富力强，思想敏锐。他们长期在西安当地工作，对本地的历史文化有着透彻的理解，掌握了丰富的资料，承担这套丛书可以说是驾轻就熟、得心应手。这也是我们对这套丛书有信心取得成功的一个重要原因。

需要指出的是，本套丛书与相关学术著作有着很大的不同，除了都强调科学性、知识性外，简明扼要，追求历史文化知识的普及性，最大限度地为广大读者服务，促进西安地区旅游事业的发展，弘扬我国悠久的历史与文化，是我们的重要目的。

杜文玉

（中国唐史学会副会长、陕西师范大学教授）

2017 年 11 月 17 日

目 录

隋唐名居

汉 代 名 居

樊哙宅

　　樊哙旧居约在今西安市韦曲、杜曲以东的樊川。樊哙（？—前189），西汉开国功臣。沛县（今属江苏）人，出身卑微，早年以屠狗为业。曾与刘邦一起隐于芒砀山泽间（今安徽砀山西南），与萧何、曹参共同推戴刘邦起兵反秦。待刘邦做了沛公，樊哙为随从副官，跟随刘邦南征北战，骁勇果敢，屡立战功，赐爵加封。在项羽为刘邦所设的鸿门宴中，拥盾持剑闯入，面斥项羽，救刘邦于危难之中。高祖元年（前206）二月，晋爵列侯，号临武侯，迁郎中。八月，随刘邦、韩信还定三秦，所向披靡，连迁郎中骑将、将军，并赐杜陵的樊乡为其食邑。高祖二年（前205），随刘邦东击项羽，彭城之战失败后，回守广武（今河南荥阳北）。高祖五年（前202）十二月，参加垓下之战，斩将拔城。秋，随刘邦讨燕王臧荼之叛，擒臧荼。高祖六年（前201）正月，刘邦定开国元勋，樊哙位列第五，封舞阳侯，食邑5000户。高祖七年（前200）十月，随刘邦讨韩王信之叛。前196年冬，随刘邦讨代相国陈豨之叛，平定赵地27县，迁左丞相。前195年春，以相国之职率兵讨燕王卢绾之叛，平定燕地18县，后遭陷害，被免官爵，险些被诛。因其为吕后妹夫，后吕后复其爵位。

北

泾

河

洛城门

厨城门

宣平门

横门

西市   东市

明　光　宫

雍门

西市

桂
宫

北
宫

清明门

北阙甲第

官窑

罗寨遗址

樊寨遗址

霸城门

神明台

直城门

天禄阁

长　乐　宫

渐台

作室门 石渠阁

太液池

少府 椒房殿

武库

双凤阙

中央官署

建章宫前殿

未　央　宫

章城门

明　渠

沧池

高庙

覆盎门

西安门

安门

昆

河

"王莽九庙"

明

辟雍

故

社稷

渠

0   1千米

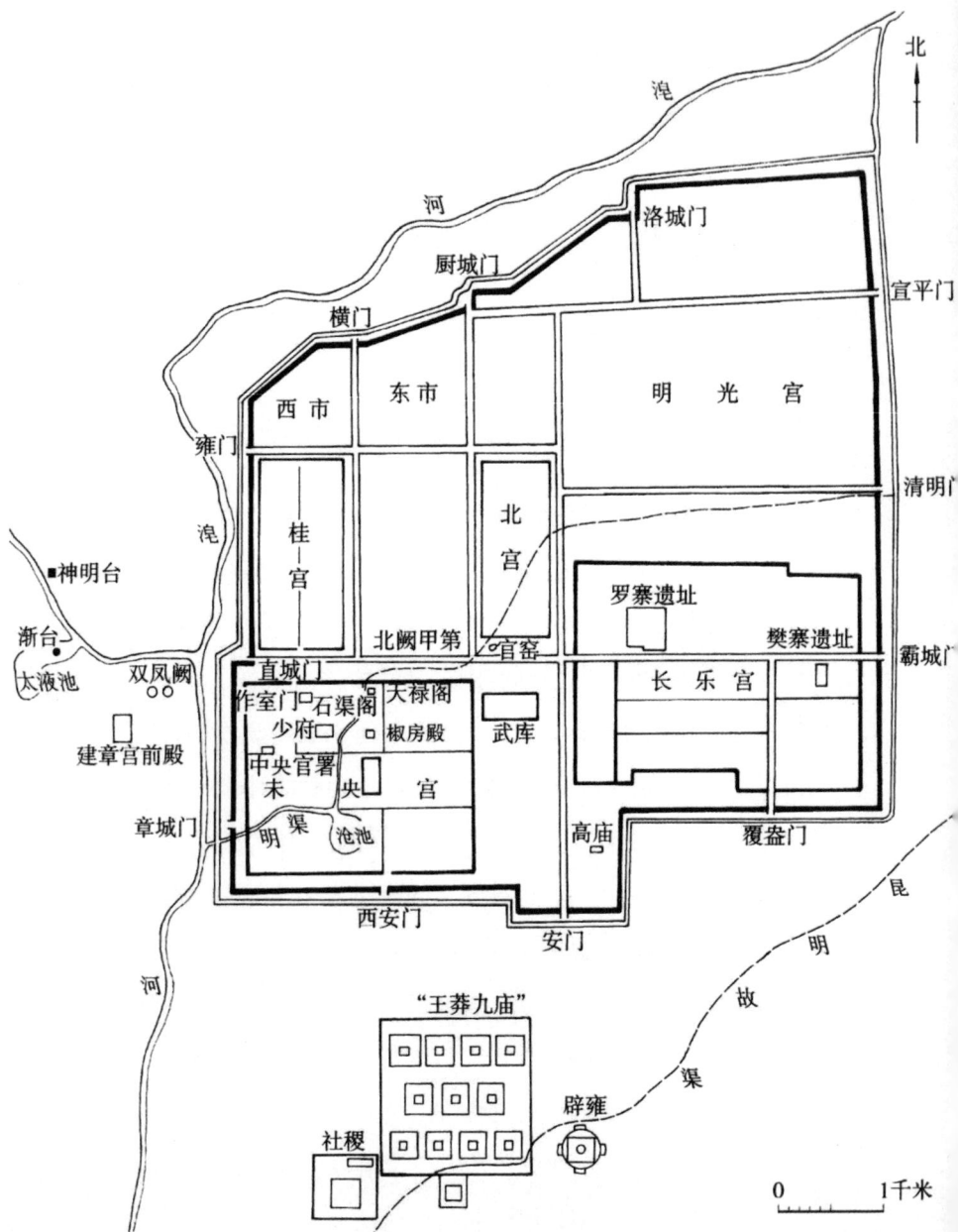

汉长安城遗址

张汤宅

张汤旧居约在今西安市雁塔区曲江街道一带。张汤（？—前115），中国古代著名酷吏、廉吏，官至廷尉、御史大夫。西汉杜陵（今陕西西安东南）人。幼时喜法律。其父曾任长安丞，有一次外出，张汤的父亲回来后，发现家中的肉被老鼠偷吃了，大怒。张汤掘地三尺，抓获偷肉的老鼠后，设公堂，传布文书，刑讯定罪，最后宣读判决，于堂下将老鼠处以磔刑。父亲发现张汤的审案天赋后，让他协助办案。张汤后来继承父职，逐渐得到提升。前135年，发生了陈皇后巫蛊案，武帝下令严查。张汤因办案有功，为武帝所赏识，升任太中大夫。前123年，淮南王刘安、衡山王刘赐谋反。廷尉张汤主审这一政治大案，"凡淮南、衡山二狱，所连引列侯、二千石、豪杰等，死者数万人"。次年升任御史大夫。奉诏与赵禹编订了《越宫律》《朝律》等法律法令，而且恢复了汉初已经废除的连坐法、族诛法等严刑峻法。后遭人诬陷，自杀而亡，葬于今西安市长安区。

杜周宅

杜周旧居约在今西安市雁塔区曲江街道三兆村一带。杜周（？—前95），西汉酷吏。字长孺，西汉南阳郡杜衍县（今河南南阳西南）人，后徙居杜陵（今陕西西安东南）。义纵任南阳太守之时，以杜周为爪牙，举荐为廷尉史（廷尉属官）。

他为酷吏张汤服务，颇受称赞，官至御史。受命查办沿边郡县因匈奴侵扰而损失的人畜、甲兵、仓廪等案件。查办过程中，严厉追究造成损失的责任，很多人因此被判死罪。由于他执法严峻，得到汉武帝赏识。其"内深刺骨"，任廷尉时，秉承武帝旨意，极严刻之能事，每年2000石以上官吏（相当于郡守、九卿以上的官吏）因罪下狱者，前后不低于100人；加上各郡太守和丞相府、御史大夫府交付廷尉审讯的案件，每年有千余起。大的案件牵连人数达到数百人，小的案件也有几十人。案件一多，狱吏便无法详细审问，便按照所告事实引用法令条文判罪，对不服者采取严刑拷打、逼取供状的办法来定案。天汉三年（前98），杜周升任御史大夫。太始二年（前95）病死。杜氏子孙相继为高官，终西汉之世，簪缨不绝。

苏建宅

苏建旧居约在今西安市雁塔区南部。苏建（生卒年不详），西汉名将。《史记·卫将军骠骑列传》载："将军苏建，杜陵人。"元朔二年（前127），以校尉身份随车骑将军卫青北击匈奴，攻取河套地区，因军功拜将军，封平陵侯。不久，奉命率兵在河套地区构筑朔方郡城（在今内蒙古杭锦旗北）。后入朝为卫尉。元朔五年（前124）春，升任游击将军，与公孙贺、张次公等人跟随车骑将军卫青，由朔方郡（治三封县，约在今内蒙古磴口县哈腾套海苏木约5千米处）出击匈奴，大败匈奴右贤王。第二年春，升为右将军，与公孙敖、公孙贺、李广等跟随卫青出兵定襄郡（治今内蒙古呼和浩特附近），攻打匈奴。此次汉匈战争中，苏建与赵信两军并行，共有骑兵 3000 余人。途中独与单于大军相遇，双方交战了一天多，汉军损失惨重。赵信见不能取胜，便率其残部八百骑兵投降了匈奴，而苏建坚持战斗，全军覆没。战败后苏建被贬为庶人。其后担任代郡（治今河北蔚县西南）太守，最终死于任上，葬于大犹乡。

张安世宅

张安世旧居约在今西安市雁塔区曲江街道三兆村。张安世（？—前 62），西汉名臣，麒麟阁十一功臣之一，其父为汉代著名酷吏张汤。字子儒，京兆杜陵（今陕西西安东南）人。少以父荫任郎，武帝时历任给事尚书、尚书令，后迁光禄大夫。昭帝时，被大将军霍光举荐，拜右将军兼光禄勋，以辅佐有功被封为富平侯。汉昭帝死后，与霍光商议废昌邑王，迎立汉宣帝。因在化解皇位继承危机过程中立有特殊功勋，霍光死后，任大司马、车骑将军、领尚书事，后又任卫将军，统领两宫卫尉、城门、北军兵营。虽位极人臣，然吸取了其父的人生教训，谨慎周密，处处小心，时刻提防揽权招祸。其食邑万户，拥有"家童"七百和大批技艺较高的工匠进行手工业生产，蓄积家财超过霍光。元康四年（前 62）病逝，汉宣帝赠予印绶，用战车和武士为其送葬，谥号敬侯。2008 年，张安世墓在西安凤栖原被发现，其墓葬级别非常高。

萧望之宅

萧望之旧居约在今西安市雁塔区曲江街道一带。萧望之
（？—前47），西汉大臣，麒麟阁十一功臣之一。字长倩，
东海兰陵（今山东苍山兰陵镇）人，后徙居杜陵（今陕西西
安东南）。祖上世代以种田为业，到了萧望之时开始学习儒
学，起初研究《齐诗》，师从同县的后仓将近10年。又根据
制度到太常门下学习，又师从以前的同学博士白奇，还从夏
侯胜问《论语》《礼·服》，京师的儒生们都称赞他。昭帝时，
以射策甲科为郎，数年后，察廉为大行治礼丞。地节三年（前
67），萧劾奏霍光擅政，被宣帝赏识，拜为谒者，累迁谏大
夫、丞相司直，一年中连升三级，官至2000石。元康六年（前
65）被征入朝廷，为少府。汉宣帝时，被丙吉推荐给大将军
霍光，然未受到重用。以儒家经典教授太子（汉元帝），甘
露三年（前51），在石渠阁皇家图书馆召集诸儒讲《五经》。
五凤元年（前57），匈奴五单于内讧，汉朝廷一些大臣主张
趁机出兵灭之，独望之认为乘乱出兵不符合儒家不伐丧的原
则，主张遣使慰问，扶其危弱，救其灾患，汉廷才会在周边
民族中树起恩威，取得边塞的长治久安。宣帝颇为赞赏，派
兵护送呼韩邪单于，稳定了政权，保持了汉与匈奴的和睦关系，
使边境得以安定。宣帝临终前，擢升萧为前将军光禄勋，与
太子少傅周堪等受遗诏辅政，领尚书事。元帝即位后，萧奏
言中书为施政根本，提出建议选用人员名单，因而与宦官石显、
弘恭等交恶，被诬陷下狱。于前47年自杀。

冯奉世宅

　　冯奉世旧居约在今西安市雁塔区南部。冯奉世（？—前39），西汉名将，汉文帝时的重臣冯唐之孙，汉元帝妃冯昭仪之父。字子明，祖籍上党潞县（今山西潞城东北），后移居杜陵（今陕西西安东南）。武帝末年，以良家子身份选任郎官。昭帝时补武安长，旋而失官。自感才学不足，学《春秋》、读兵法，任前将军韩增军司空。汉宣帝本始三年（前71）随韩增击匈奴，归复为郎。元康元年（前65）以卫侯的身份持使节护送大宛等国的宾客回国，至伊循（今新疆若羌东北），恰逢莎车国（今新疆莎车一带）发生内乱，新王呼屠徵杀兄及汉使而自立，与其旁诸小国结盟叛汉，攻劫南道，切断丝绸之路。冯奉世遂当机立断，以节发西域诸国兵1.5万，攻杀呼屠徵，另立新王，稳定了西域形势，重开南道。返回长安城后，被封为光禄大夫、水衡都尉。元帝即位后，历任执金吾、右将军典属国、光禄勋、左将军光禄勋等职。永光二年（前42）七月，陇西羌3万余人反汉，其仅率1.2万汉军前往，初战失利。八月元帝下令增兵6万余。十一月，斩敌数千，平定羌胡，封关内侯，食邑500户，任光禄勋。三年（前41）二月，改任左将军，光禄勋职位不变。不久，病逝。

　　班固在《汉书》中写道："居爪牙官前后十年，为折冲宿将，功名次赵充国。"刘志也记载说："前代陈汤、冯、傅之徒，以寡击众，郅支、夜郎、楼兰之戎，头悬都街。"冯奉世一生多半从戎，是一位有勇有谋、敢作敢为的将帅。

王商宅

　　王商旧居约在今西安市雁塔区曲江街道三兆村一带。王商（？—前25），西汉丞相，汉宣帝母亲王翁须之兄王武的儿子，嗣位乐昌侯。字子威，涿郡蠡吾（河北博野）人，后徙居杜陵（今陕西西安东南）。汉宣帝时，作为皇太子刘奭的表叔而负责处理东宫事宜。少为太子中庶子，以肃敬敦厚称。父亲去世后，他将财产分给异母诸弟，身无所受，居丧哀戚。于是被荐行可以励群臣，义足以厚风俗，宜备近臣。汉元帝永光三年（前41），王商升任右将军、光禄大夫。由于汉元帝晚年宠爱次子山阳王，太子刘骜的地位受到威胁，王商竭力维护太子的储位。汉成帝刘骜继位，建始三年（前30）改任左将军。建始三年秋，京师民无故相惊，言大水至，百姓奔走相踩躏、老弱号呼，长安中大乱。天子亲御前殿，召公卿议。大将军王凤以为太后与上及后宫可御船，令吏民上长安城以避水。群臣皆从凤议。只有时任左将军的王商却说：这是讹传。后来知道大水即将到来的消息是讹传，王商因此受到成帝赞赏，而同时也引来大司马大将军王凤的嫉恨。建始四年（前29）三月，代匡衡出任丞相。时大将军王凤专权，其姻亲杨肜为琅琊太守，其郡发生灾荒，王商上奏免其官职。王凤因此记恨王商，使人上书言其"闺门内事"。王商闻讯惶恐不安，欲送女入后宫，被太中大夫张匡、右将军史丹上书揭其媚行，王凤乘机威逼成帝惩治。河平四年（前25）四月，王商被弹劾免相，3日后发病呕血而死，谥号戾。

廉范宅

廉范旧居约在今西安市雁塔区南部。廉范（生卒年不详），东汉名将，赵国名将廉颇之后。字叔度，京兆杜陵（今陕西西安东南）人。少年时诣京师，跟从博士薛汉学习。永平（58—75）初年，任陇西郡（治今甘肃临洮县南）功曹，为陇西太守邓融部属，融入狱，廉范尽心卫侍左右，融死，又亲为送丧至故里。其师薛汉因事受株连被杀，门生故旧纷纷远避，唯独廉范独往收殓。后举茂才，迁任云中太守。匈奴大举入侵中原之时，亲率士卒拒敌，以少胜多，使匈奴不敢犯境。继而迁任武威太守、武都太守、蜀郡太守。每到一地，随俗化导，务使便民，各得其宜，颇获政声。任蜀郡太守时，废除了禁止百姓夜间劳作以防火灾的旧制，准许夜间干活，但务必储水。百姓作歌曰："廉叔度，来何暮？不禁火，民安作。平生无襦今五绔。"范世在边，广田地，积财粟，悉以赈宗族朋友。后坐法免归故里，卒家。曾依倚大将军窦宪，以此颇受世人之讥。

北朝名居

元伟宅

　　此宅在唐长安城崇贤坊（朱雀大街之西第二街街西自北向南之第八坊），隋开皇四年（584）改为海觉寺，约在今西安电子科技大学北校区一带。元伟（生卒年不详），西魏、北周的著名将领。字献道，河南洛阳人。西魏大统（535—551）初，拜伏波将军、度支郎中，领太子舍人。大统十一年（545），迁太子庶子，领兵部郎中，后为东南道行台右丞。十六年（550），进位车骑大将军、仪同三司。因其为元魏宗室，晋爵南安郡王，食邑500户。十七年（551），为幽州都督府长史。尉迟迥伐蜀之时，元伟为司录。蜀平之后，因功又增邑500户。北周保定二年（562），迁成州（治今甘肃成县境内）刺史，为政以德，百姓悦附，流民复业者达3000余口。天和元年（566），为匠师中大夫，后转司宗中大夫。六年（571），出任随州（今属湖北）刺史。建德二年（573），转司会中大夫，兼民部中大夫，迁小司寇。四年（575），出使北齐，是年秋，宇文邕伐北齐，元伟被齐人所执。六年（577），平定北齐，元伟被释，加授上开府。大象二年（580），除襄州（治今湖北襄阳）刺史，进位大将军。后病死。

尉迟纲宅

此宅在唐长安城的嘉会坊（朱雀大街之西第三街街西自北向南之第八坊），后改为褒义寺，约在今西安市蒋家寨、徐家庄以南一带。尉迟纲（517—569），西魏、北周的著名将领。字婆罗，鲜卑族，代（山西大同东北）人，北周文帝宇文泰之甥，蜀国公尉迟迥之弟。宇文泰征讨关陇之时，与兄尉迟迥同其母昌乐大长公主留于晋阳（今山西太原），后入关。其人骁勇果敢，善骑射，能征善战，深得宇文泰之宠爱。行军途中，常陪侍宇文泰左右。后因迎魏孝武帝有功，拜殿中将军。大统元年（535），授帐内都督，从李虎讨伐曹泥、窦泰，因功封广宗县伯，食邑500户。在收复弘农、攻克河北、出战沙苑、交战邙山等战争中屡立战功。先后担任车骑大将军、仪同三司、散骑常侍、侍中、华州刺史、小司马、柱国大将军、大司空等职，封爵吴国公。天和四年（569），在京师去世。

田弘宅

此宅在唐长安城永宁坊（朱雀大街之东第二街街东自北向南之第八坊），约在今西安市鲁家村北。田弘（？—574），北周著名将领。字广略，原州（治今宁夏固原）人。田弘从小慷慨激昂，立志建功立业，体力过人，勇敢而有智谋。北魏永安年间（528—529），尔朱天光入关镇压万俟醜奴叛乱，田弘从原州前来归顺，被授任都督。西魏大统三年（537），改任帅都督，晋封公爵。是时，西魏、北齐不断争战，田弘跟随宇文泰收复弘农，战于沙苑，解洛阳之围，破河桥敌阵，屡建战功，赐姓纥干氏。大统十四年（548），授任原州（今宁夏固原）刺史。西魏废帝元年（552），加任骠骑大将军、开府仪同三司。宇文觉登基后，晋封雁门郡公，食邑增至2700户。保定元年（561），出任岷州（今甘肃岷县）刺史。三年（563），随杨忠东征北齐，授任大将军。四年（564），再次跟随杨忠东征北齐，因功食邑增加500户，进位柱国大将军。建德二年（573），升任大司空、少保。三年（574），出任总管襄、鄂、昌、丰、唐、蔡六州诸军事，襄州（今湖北襄阳）刺史。同年，田弘卒于任上。后儿子田恭承袭爵位。田恭从少年时就有名气，很早就位居高官。大象末年，官至柱国、小司马。朝廷又追论田弘功勋，晋封田恭为观国公。

卢贲宅

　　此宅在隋大兴城延寿坊（朱雀大街之西第二街街西自北向南之第五坊）东南隅，在今西北工业大学附属小学一带。卢贲（543—594），北周大臣。字子徵，涿郡范阳（今河北涿州）人。周武帝时，卢贲袭爵为燕郡公，食邑1900户，后来历任鲁阳太守、太子小宫尹、仪同三司。平定北齐有功，增加食邑400户，转任司武上士。为隋文帝杨坚的亲信党羽之一，助杨坚篡夺北周政权，专掌宫廷保卫。隋开皇元年

（581），授散骑常侍，兼任太子左庶子、左领军、右将军。隋文帝命卢贲清点宫中，主管守卫。卢贲于是上奏，更改周代的旗帜，另取好名。青龙旗、驺虞旗、朱雀旗、玄武旗、千秋旗、万岁旗等旗名，都为卢贲所取。因古乐宫悬七八，损益不同，改七音为八音，以黄钟为宫，与杨庆和删定北周、北齐音律。后为郢州（治今武汉武昌）刺史，继而转任虢州（治今河南灵宝）刺史，后任怀州（治今河南沁阳）刺史，挖沁水东流，名叫"利民渠"，又流入温县，名叫"温润渠"，以灌溉盐碱地，百姓靠渠得利。几年后，转任齐州（治今河南获嘉）刺史。百姓闹饥荒，粮价猛涨。卢贲不让别人卖粮，却自己去卖。开皇十四年（594），被削职为民，同年去世。

隋 唐 名 居

贺若谊宅

　　此宅在隋大兴城金城坊（朱雀大街之西第三街街西自北向南之第三坊），约在今西安城西任家庄一带。贺若谊（生卒年不详），北周、隋朝的著名将领。字道机，河南洛阳人。祖父贺若伏连曾为北魏云州刺史，父亲贺若统曾为右卫将军。西魏（535—556）时，以功臣子赐爵容城县男，累迁直阁将军、大都督、通直散骑常侍、尚食典御。宇文邕据有关中，贺若谊随之左右，后拜车骑大将军、仪同三司、略阳公府长史。北周孝闵帝受禅，除司射大夫，改封霸城县子，转左宫伯，寻加开府。后历任灵州、邵州刺史，原州、信州总管。北周平齐之役，贺若谊率兵出函谷关，先据洛阳，拜洛州刺史，晋封建威县侯，后以军功晋爵范阳郡公，授上大将军。素有威名，隋开皇（581—600）初，入为右武侯将军，拜灵州（治今宁夏吴忠）刺史，以防突厥南下，进位柱国。当时他虽已年老，但身体依然强健，甚至可以重铠上马，为北夷所惮。几年后，上表乞骸骨，优诏许之。贺若谊家富于财，除了城内居所，还在郊外有一别庐，种植了很多树木。常邀宾客，列女乐，游玩聚会。77 岁时在家中逝世。子举袭爵。

　　此宅在隋大兴城常乐坊（朱雀大街之东第四街街东自北向南之第六坊）南门之西，隋开皇六年（586）改为太慈寺，大历初改为灵花寺，约在今西安市沙坡村西北。窦毅（519—582），北魏至隋朝大臣。字天武，扶风平陵(治今陕西咸阳)人。东汉大鸿胪窦章第十二世孙，北周太傅、柱国大将军窦炽之侄。北魏孝武帝（532—534 年在位）时入朝，任员外散骑侍郎。

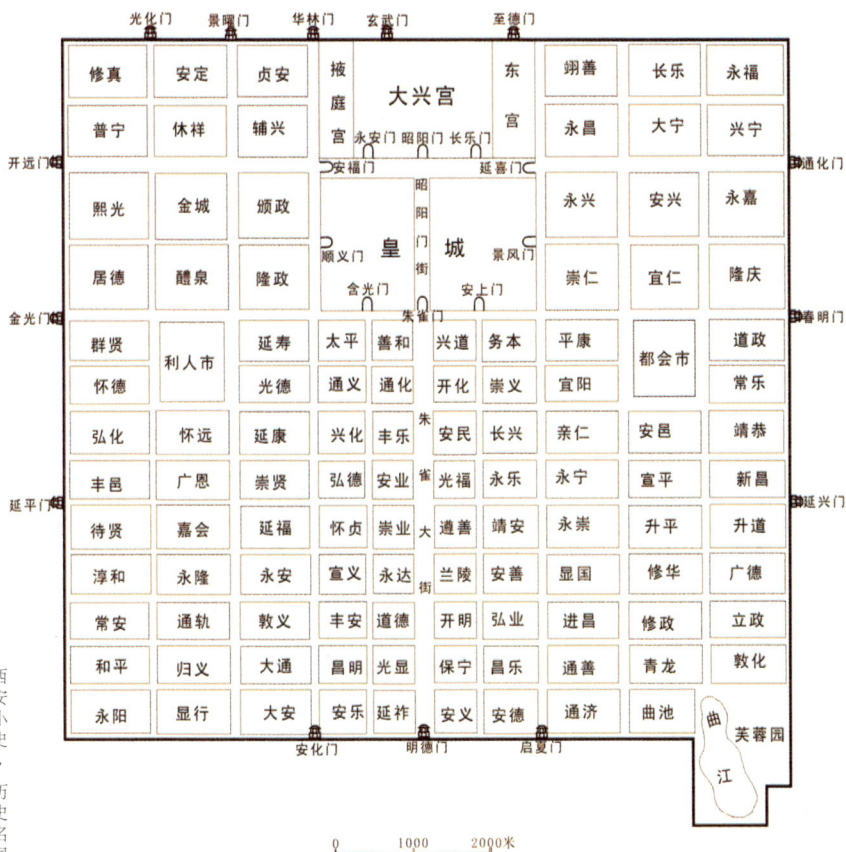

隋仁寿元年大兴城平面图

至孝武帝西迁长安，窦毅随从入关，因功封奉高县子，食邑
600户，任符玺郎。西魏与东魏之间连年作战，窦毅在从擒
窦泰、收复弘农郡及攻破沙苑等战役中，屡建奇功，拜右将军、
太中大夫，晋爵为侯，食邑增至1000户，累迁持节、抚军
将军、通直散骑常侍。西魏末年，官至骠骑大将军、开府仪
同三司、大都督，改封永安县公。保定三年（563）北周武帝
宇文邕命其治左宫伯，转小宗伯，不久拜大将军。天和三年
（568），突厥木杆可汗俟斤之女入长安与北周武帝成亲，窦
毅因功别封成都县公，食邑1000户，进位柱国，出为同州（治
今陕西大荔）刺史，迁蒲州（治今山西永济）总管，徙金州
（治今陕西安康）总管，加授上柱国，入朝为大司马。隋初，
为定州（治今河北定州）总管。隋开皇二年（582），薨于定
州。其次女为唐高祖李渊之妻，唐朝建立后追封为太穆皇后。

长孙览宅

此宅在隋大兴城宣平坊西南隅（朱雀大街之东第三街街
东自北向南之第七坊），约在今西安城外东南新后村至祭台
村。长孙览（生卒年不详），北周、隋朝著名将领。原名长
孙善，字休因，河南洛阳人。北魏太师、上党文宣王长孙稚
之孙，北周小宗伯、上党郡公长孙绍远之子。广泛阅读经书
传记，尤其通晓乐律。西魏大统年间（535—551），以东宫
亲信的身份开始进入官场。北周明帝宇文毓时，任大都督。
北周武成二年（560），宇文邕继位，拜车骑大将军。建德元

年（572），因协助宇文邕诛杀宇文护有功，晋封薛国公，后历小司空。建德六年（577），平定北齐，因功晋位柱国，次子长孙览受封为管国公。北周宣帝宇文赟继位后，升长孙览为上柱国、大司徒，历任同、泾二州刺史。杨坚为北周丞相时，总览朝政，转任长孙览为宜州刺史。隋开皇二年（582），大举伐陈，长孙览出任东南道行军元帅，统领八总管出寿阳，水陆并进。大军临江，陈人大为惊骇。正值陈宣帝陈顼卒逝，长孙览欲乘机灭陈，监军高颎以"礼不伐丧"而撤军。隋文帝杨坚常命长孙览与安德王杨雄、上柱国元谐等勋臣同宴。岁余，转任泾州刺史，任中去世。

长孙晟宅

　　此宅在隋大兴城永兴坊（朱雀大街之东第二街街东自北向南之第三坊），约在今西安市解放路南段。长孙晟（552—609），北周、隋朝著名将领。字季晟，小字鹅王，河南洛阳人。北魏上党文宣王长孙稚曾孙、北周开府仪同三司长孙兕第三子。他生性聪慧，涉猎书史，擅长骑射。北周时期，任奉车都尉，曾出使突厥，详悉内情。隋朝建立后，历任仪同三司、左勋卫骠骑将军、左领军将军、右骁卫将军等职。隋初，突厥强大，他提出"远交而近攻，离强而合弱"的策略，即通使西方的玷厥和其东的阿波（即大逻便），联络东方的处罗和其控制下的一些民族，对突厥大可汗摄图展开攻势。由于实施了他的计谋，最后迫使摄图向隋称臣。开皇十九年（599），突厥内部又发生争斗，突利可汗战败降隋。不久，都兰可汗被部下杀死，隋朝北疆的威胁解除。其子为唐朝名相长孙无忌，其女为唐太宗的文德皇后长孙氏。

史万岁宅

　　此宅在隋大兴城待贤坊（朱雀大街之西第四街街西自北向南之第九坊），宅址约在今西安市高新区科技路、唐延路交界处。史万岁（549—600），北周、隋朝著名将领。京兆杜陵（今陕西西安东南）人。少年英武，善于骑射。以父功拜开府仪同三司，袭爵为太平县公。北周末年随梁士彦讨伐尉迟迥，每遇作战，冲锋在前。邺城之役，敌军兵力强大，北周军力不支，史万岁跃马上前，连杀数十人，周军士气大振，遂转败为胜。以功升为上大将军，因涉嫌谋反戍边。隋开皇三年（583），秦州（今甘肃天水）总管窦荣定奉命率三万步骑北击突厥，史万岁自投辕门，请求参战。与突厥交战时，史万岁单骑出击，砍下敌将头颅，大挫突厥士气，使之不战而退，以功拜为上仪同、车骑将军。开皇九年（589），江南豪族出现反叛势力，史万岁以行军总管率部随杨素进讨，自东阳（今浙江金华）率兵两千，逾岭越海而进，孤军转战千余里，因军功擢任左领军将军。十七年（597）春，南宁（今云南曲靖）山区夷族起兵叛乱，史万岁以行军总管领兵讨伐，经过数十次战斗，攻破夷族30多部落。二十年（600），被隋文帝令武士暴杀于朝堂。

贺若弼宅

此宅在隋大兴城安邑坊（朱雀大街之东第三街街东自北向南之第六坊），宅址约在今西安市祭台村北。贺若弼（544—607），北周、隋朝著名将领。字辅伯，鲜卑族，河南洛阳人。生于将门之家，其父为北周将领，任金州（今陕西安康）刺史。北周大象元年（579），从上柱国韦孝宽攻陈，克寿阳（今安徽寿县）等数十城，拜寿州刺史，改封襄邑县公。隋开皇元年（581），拜为隋吴州总管，镇广陵（今江苏扬州），献取陈十策，得文帝赞赏。八年（588），隋文帝发兵攻陈，贺若弼任行军总管，于次年正月初一率先乘夜偷袭渡江，攻占南徐州（治今江苏镇江丹徒），进屯蒋山之白土岗（今江苏南京东），擒大将萧摩诃等，为韩擒虎乘虚进入建康（今江苏南京）创造了条件，并从北掖门攻入建康城。因伐陈有功，封上柱国，晋爵宋国公，拜右领军大将军，转右武侯大将军。大业三年（607）被隋炀帝以诽谤朝政的罪名杀害。

杨文纪宅

此宅在隋大兴城太平坊（朱雀大街之西第一街街西自北向南之第一坊），约在今西北大学太白校区一带。杨文纪（约545—603），北周、隋朝著名将领。字温范，弘农华阴（今陕西华阴）人。隋朝大司徒杨素之从叔父。北周时袭爵华山郡公。初任右侍上士，后历任车骑大将军、仪同三司、安州总管长史等职。在迎接陈朝降将李瑗时，与陈将周法尚相遇，两军交战，杨文纪击退周法尚军，以功晋为开府，升虞部下大夫。杨坚任丞相，杨文纪为汾阴县公，曾随梁睿讨伐王谦叛乱，授上大将军。后任资州（今四川资中）刺史，宗正少卿。不久坐事除名免官。几年后恢复了爵位，拜为熊州（今河南宜阳县西）刺史，改封上明郡公，由于杨素在朝日渐贵宠，杨文纪亦官位高升，先后升为宗正卿兼给事黄门侍郎，行礼部尚书事。仁寿二年（602），迁为荆州（今湖北江陵）总管，一年后病卒。

萧岑宅

此宅在隋大兴城广恩坊（朱雀大街之西第三街街西自北第七坊，隋炀帝时避讳改称长寿坊）南门之东，隋开皇四年（584）改为延兴寺；唐中宗神龙中，为永泰公主追福，改为永泰寺；唐宣宗大中六年（852）改为万寿寺；至明清时期，为西安古寺之一。宅址约在今西安市未央区蒋家寨、徐家庄以北，糜家桥新村以南。萧岑（生卒年不详），南梁、隋朝著名将领。字智远，南兰陵（治今江苏常州西北）人。后梁宣帝萧詧第八子。性格简傲高贵，官至太尉，御下严格有方。因军功被封为河间王，后改封吴郡王。到后主萧琮嗣位，自恃德高望重，多有不法之举。隋朝建立以后，隋文帝征萧岑入朝，拜大将军，赐爵怀义郡公。

樊子盖宅

此宅在隋大兴城亲仁坊（朱雀大街之东第二街街东自北向南之第七坊），约在今西安市友谊东路东口十字北。樊子盖（545—616），隋朝著名将领。字华宗，庐江（治今安徽合肥）人。曾仕北齐、北周。隋文帝时，官至循州总管，掌管岭南地区。隋炀帝即位，征还京师，授银青光禄大夫、武威太守。大业九年（613），隋炀帝第二次征讨辽东，命樊子盖为东都留守。杨玄感起兵反隋，围逼东都洛阳，樊子盖组织兵力顽强抵抗，屡败杨玄感。是年冬，隋炀帝还东都洛阳，诏封樊子盖为济公，言其功济天下。樊子盖与苏威、宇文述陪炀帝宴于积翠亭，获赐金杯。后奉命镇压汾、晋起义军，大业十二年（616）染病而死。

燕荣宅

此宅在隋大兴城光德坊（朱雀大街之西第二街街西自北向南之第六坊），约在今西安市边家村十字北，隋大业元年（605）将胜光寺从丰乐坊迁至此处。燕荣（？—603），隋朝著名将领。字贵公，弘农华阴（今陕西华阴）人。北周大将军燕偘之子。北周时为内侍上士。周武帝宇文邕兴兵讨伐北齐，燕荣以军功授开府仪同三司，封高邑县公。隋朝初年，晋位大将军，封落丛郡公，拜晋州刺史。跟随河间王杨弘攻打突厥，以军功拜上柱国，迁青州（治今山东青州）总管。燕荣在青州时，"奸盗屏迹，境内肃然"，得到隋文帝的赏识。平南陈之时，燕荣为行军总管。率水军自东莱傍海，入太湖，攻取吴郡。突厥为隋朝北疆的大患，燕荣为行军总管，屯驻幽州（治今北京）。开皇十一年（591）为幽州总管，其人个性严酷，骄横不法，对待下属残忍苛毒，他任幽州总管13年，恶名昭著，远近皆知，百姓深受其害。仁寿三年（603）被隋文帝召入京，赐死。

李穆宅

　　此宅在隋大兴城平康坊（朱雀大街之东第二街街东自北向南之第五坊），约在今西安市和平门南。李穆（510—586），隋朝大臣，字显庆，陇西成纪（治今甘肃天水）人。西汉骑都尉李陵之后，一生战功卓著。北魏时，追随宇文泰平定侯莫陈悦之乱，后因推举迎接北魏孝武帝有功，被授予都督，获封永平县子。西魏大统四年（538），在与北齐军队交战中，李穆救宇文泰于险境，因此在北周平步青云。至北周末年，官至大左辅、太傅、并州总管，其家族子弟亦广被恩泽。北周末年，杨坚以外戚之身称帝，建立隋朝。李穆因在尉迟迥叛乱中支持杨坚平叛建有功勋，被封为太师，并获赞拜不名、无反不死的殊荣和特权。在杨坚迁都犹豫之际，曾上表支持迁都。

苏威宅

此宅在隋大兴城永宁坊（朱雀大街之东第二街街东自北向南之第八坊），约在今西安市鲁家村北。苏威（534—623），隋朝著名将领，字无畏，京兆武功（约今陕西武功西北）人，曹魏侍中苏则十世孙，西魏度支尚书苏绰之子，大冢宰宇文护之婿。宇文泰当权时，苏威袭封美阳县公，初任郡功曹，后担任车骑大将军、仪同三司等职，改封怀道县公。天和七年（572），北周武帝诛杀宇文护亲政，苏威任稍伯下大夫。隋朝时任太子少保，兼纳言、度支尚书，兼任大理卿、京兆尹、御史大夫。他力主减轻赋役，并主持修订隋朝法典，与高颎参掌朝政，齐心协力辅佐隋文帝多年。辅佐隋文帝定议迁都，对隋大兴城的奠基和兴盛具有一定功劳，奉命督考、监选、举荐官吏，如景正藏、卢道衡、房恭懿、柳庄、陈孝意、崔颐等多名史书留名的良吏都是其推举提携的，他为隋朝吏治的良性发展起到了积极作用。开皇九年（589），为尚书右仆射，时为"四贵"之一。开皇十二年（592），因被举报结党营私而罢官。大业元年（605），任左仆射。大业三年（607），又因事被免。此后，以太常卿、纳言参掌朝政，加授开府仪同三司，封邳国公。宇文化及弑杀隋炀帝后，苏威被任命为光禄大夫。宇文化及败，他归降李密；李密败，又投靠王世充。越王杨侗称帝后，他被任命为太师。唐朝平定王世充后，苏威求见秦王李世民和唐高祖李渊，均遭拒绝。武德六年（623年），病死于长安，时年82岁。

杨广宅

杨广登基前，其宅在隋大兴城开化坊（朱雀大街街东自北向南之第二坊）；唐武德中，赐尚书右仆射萧瑀为园；文明元年（684）敕为高宗立为献福寺；载初元年（689）赐额为荐福寺，约在今西安市南稍门十字西北。杨广（569—618），即隋炀帝。一名英，小字阿摩，弘农华阴（今陕西华阴）人，隋文帝杨坚与独孤皇后次子。北周时为雁门郡公。开皇元年（581）被立为晋王，官拜柱国、并州总管，后又授任武卫大将军、金威上柱国、河北道行台尚书令等。八年（588），率军南下平定南陈，统一宇内，后又屡立战功。杨广刻意迎合隋文帝提倡节俭之意，伪装出生活俭朴、不好声色的样子。二十年（600）十一月被立为太子。仁寿四年（604）七月即皇帝位，即隋炀帝。大业元年（605）在汉魏洛阳城之西营建东都，同时，又下令开凿大运河。大运河以东都洛阳为中心，南起余杭（今浙江杭州），北至涿郡（今北京西南），分为三段：南段名江南河，北起京口（今江苏镇江），南达余杭；中段包括通济渠与邗沟，通济渠北起洛阳、东南入淮水，邗沟北起山阳（今江苏淮安）、南达江都（今江苏扬州）入长江；北段名永济渠，南起洛阳，北通涿郡。发展科举制，采取分科考试选拔人才的方法，增置进士科。他好大喜功，频繁地发动战争，如亲征吐谷浑，三征高句丽，加之滥用民力，致使民变频起。大业十四年（618），被叛军缢杀。

杨浩宅

此宅在隋大兴城道德坊（朱雀大街街西自北向南之第七坊），约在今西安市罗家寨村与西安医科大学之间。杨浩（？—618），隋朝秦王。隋大业二年（606）封秦王，以作为秦孝王杨俊的继嗣，后任河阳（今河南孟州）都尉。大业九年（613），杨玄感起兵，左翊大将军宇文述率兵讨伐，到河阳时修书于杨浩，二人往来较多。后被弹劾以诸侯身份与大臣来往，被免除官职、废黜王位。义宁二年（618）三月，宇文化及弑隋炀帝，下令将隋室宗亲、外戚一律处死。唯独杨浩平日与宇文化及之弟宇文智及交往甚密，方得以保全性命。同月，宇文化及自称大丞相，总理百官，立杨浩为皇帝，改元天寿。不久，宇文化及率兵10万返回长安，杨浩被裹挟同行。宇文化及在巩县被瓦岗军首领李密打败，率领残余部众2万人逃到魏县（今河北大名南）。九月，杨浩被宇文化及派人毒死。

杨素宅

此宅在隋大兴城延康坊（朱雀大街之西第二街街西自北向南之第七坊）；大业九年（613）杨素之子杨玄感谋反，此宅没于官；唐武德中为万春公主宅；大中六年（852）改为福寿寺，后改为西明寺；宅址约在今西安市白庙村一带。杨素（？—606），隋朝著名将领。字处道，弘农华阴（今陕西华阴）

人，弘农杨氏之后。先祖世代为官，祖父杨暄官至北魏辅国将军、谏议大夫；父亲杨敷曾为北周汾州（治今山西隰县）刺史。北周时任车骑将军，曾参加平定北齐之役。北周天和七年（572）三月，北周武帝宇文邕诛杀宇文护，亲掌朝政，杨素因曾受到宇文护的重用，所以遭到株连。此时，杨素以其父杨敷死于北齐，但未受到朝廷追封，遂上表申诉，被赦无罪。隋朝建立后，任御史大夫，后以行军元帅身份率水军东下攻打南陈，灭陈后，晋爵越国公，任内史令。大业（605—618）初，拜司徒，授尚书令，改封楚国公。大业二年（606）去世。

高颎宅

此宅在隋大兴城熙光坊（朱雀大街之西第四街街西自北向南之第三坊），开皇三年（583）改为真寂寺，唐武德二年（619）改为化度寺，大中六年（852）改为崇福寺，宅址约在今西安市大庆路与西二环交会处。高颎（？—607），隋朝宰相、名将。字昭玄，鲜卑名独孤颎，渤海蓨（今河北景县）人。其父高宾是北周上柱国独孤信的僚佐，官至刺史。隋朝初年，高颎官拜尚书左仆射兼纳言，旋拜左卫大将军，曾领营新都（大兴城）大监。开皇八年（588），隋朝以晋王杨广为元帅讨伐南陈，高颎任元帅长史，指挥全军一举平定南陈，封齐国公。后因反对废太子遭隋文帝猜忌，被削去齐国公爵位。隋炀帝时，被起用为太常卿。大业三年（607），见炀帝奢靡，甚为忧虑，有所议论，为人告发，与贺若弼同时被杀，诸子皆遭流放。

宇文恺宅

此宅在隋大兴城永兴坊（朱雀大街之东第二街街东自北向南之第三坊），约在今西安市解放路南段。宇文恺（555—612），著名建筑家。字安乐，朔方夏州（治今陕西靖边北白城子）人，后徙居长安。祖先为鲜卑族，出身武将世家，其父宇文贵为西魏十二大将军之一，仕周，官至大司徒。他3岁就因是"功臣之子"而封爵，7岁时已经"进封安平郡公，邑二千户"。他的几位哥哥从小就"以弓马自大"，而他却"好学深思，尤多技艺"，精研建筑营造，积累了丰富的建筑方面的知识。隋初为检校将作大匠、安平郡公。隋朝的许多著名工程，宇文恺都参与过，如开凿广通渠，建造新都大兴城、仁寿宫、东都洛阳城等，其建造设计理念对后世具有十分深远的影响。开皇二年（582）隋文帝下诏营建新都大兴城，设计规划皆出自宇文恺之手。

裴蕴宅

此宅在隋大兴城隆政坊（朱雀大街之西第二街街西自北向南之第四坊），隋开皇中太保、河间王杨弘立为明觉尼寺，约在今西安市西关正街之南，含光门外靠西。裴蕴（？—618），隋朝著名将领。河东闻喜（今山西闻喜）人。祖父裴之平为梁朝的卫将军，父亲裴忌为陈朝的都官尚书。

太建十年（578）二月，裴忌与镇前将军吴明彻同被北周军所俘，后附于隋。裴蕴在陈时，任直阁将军、兴宁令。在隋朝平定陈朝时，为隋内应，因功被授仪同三司，又加上仪同。继历任洋、直、棣三州刺史。后被隋炀帝征为太常少卿，收罗天下周、齐、梁、陈乐家子弟，专门从事吹弹歌唱。后任民部侍郎，奏请设峻法核实户口，得丁20余万；为御史大夫，参与朝政，断狱以帝意为准；治杨玄感余党，杀数万人，法纪大坏。增御史百余人，耳目遍于郡国，大为公私祸害。大业十四年（618），右屯卫将军宇文化及与司马德戡在江都（今江苏扬州）发动兵变，弑杀隋炀帝，裴蕴也在这次兵变中被杀。

兰陵公主宅

此宅在隋大兴城安业坊西南隅（朱雀大街街西自北向南之第四坊），约在今西安市未央区六村堡镇。兰陵公主（生卒年不详），隋朝公主。字阿五，隋文帝杨坚和文献皇后独孤伽罗第五女。公主仪态优美，性格温顺，好读书、知礼节，隋文帝尤为宠爱。先嫁仪同王奉孝，王奉孝死，改嫁河东郡的柳述，驸马获得隋文帝宠爱，参掌机密。然柳述与重臣杨素结怨，又卷入仁寿宫变风波，隋炀帝杨广登基后，被流放岭南。杨广又令其改嫁，公主以死相拒，不再朝谒皇帝，并上书要求免去公主封号，与夫同徙岭南。隋炀帝怒不答应，兰陵公主忧愤而卒，临死前上表请求归葬柳氏，时年 32 岁。炀帝余怒不消，于长安洪渎川薄葬之，陪葬的器物很少。

李渊宅

　　唐高祖李渊登基前，其宅在隋大兴城通义坊（朱雀大街之西第一街街西自北向南之第二坊）西南隅，武德元年（618）改为通义官，贞观元年（627）立为兴圣寺，宅址约在今西安市边家村十字东北。李渊（566—635），唐朝开国皇帝。字叔德，出身于关陇贵族集团。祖父李虎为西魏左仆射，封陇西郡公，官至太尉，为著名的"八柱国"之一，北周时追封唐国公。其父李昞袭封唐国公，北周时任安州（今湖北安陆）总管、柱国大将军。李渊 7 岁袭封唐国公。开皇中，历任谯、陇、岐三州刺史，隋炀帝即位后，又历任荣阳（今河南郑州）、楼烦（今山西静乐）二郡太守。后被召为殿内少监，又升卫尉少卿。大业十一年（615），拜山西河东慰抚大使；十三年（617），又拜太原留守。隋末天下大乱时，乘势从太原起兵，攻占长安。义宁二年（618）三月，隋炀帝在江都为宇文化及等所杀，消息传到长安，隋恭帝被迫让位，李渊便在文武官吏一片劝进声中，于五月甲子日正式做了皇帝，国号唐，定都长安，改元武德，是为唐高祖。以长子李建成为太子，李世民为秦王，李元吉为齐王。武德九年（626），玄武门之变后退位，称太上皇。贞观九年（635），病逝，葬于献陵。

至渭河

水安渠

				重玄门	
				玄武门	
			含光殿	太液池	左银台门
				大明宫	
				右银台门	小儿坊
	西内苑			含元殿	龙首池

光化门　景耀门　芳林门　玄武门　安礼门　兴安门　丹凤门　延政门

| 修真 | 安定 | 修德 | 掖庭宫 | 太极宫 | 东宫 | 光宅 | 翊善 | 长乐 | 十六宅（永福坊） |
| 普宁 | 休祥 | 辅兴 | | | | 永昌 | 来庭 | 大宁 | 兴宁 |

开远门

| 义宁 | 金城 | 颁政 | 顺义门 | 皇 城 | 景风门 | 永兴 | 安兴 | 永嘉 | |
| 居德 | 醴泉 | 布政 | | | | 崇仁 | 胜业 | 兴庆宫 | |

通化门

龙首渠

漕渠

金光门　　　　　　　　　　　　　　　　　　　　　　　　　　春明门

安福门　广运门　长乐门　嘉福门

内侍省

承天门　延喜门

含光门　朱雀门　安上门

群贤	西 市	延寿	太平	光禄	兴道	务本	平康	东 市	道政
怀德		光德	通义	通化	开化	崇义	宣阳		常乐
崇化	怀远	延康	兴化	丰乐	安仁	长兴	亲仁	安邑	靖恭
丰邑	长寿	崇贤	崇德	安业	光福	永乐	永宁	宣平	新昌
待贤	嘉会	延福	怀贞	崇业	靖善	靖安	永崇	升平	升道
永和	永平	永安	宣义	永达	兰陵	安善	昭国	修行	立政
常安	通轨	敦义	丰安	道德	开明	大业	晋昌	修政	敦化
和平	归义	大通	昌明	光行	保宁	昌乐	通善	青龙	（缺名）
永阳	昭行	大安	安乐	延祚	安义	安德	通济	曲池	

延平门　　　　　　　　　　　　　　　　　　　　　　　　　　延兴门

西明寺　小雁塔　大雁塔　青龙寺　勤政务本楼　龙池

芙蓉园

曲江池

永安渠　安化门　清明渠　明德门　圆丘　启夏门　先农坛

黄渠

0　　　1千米

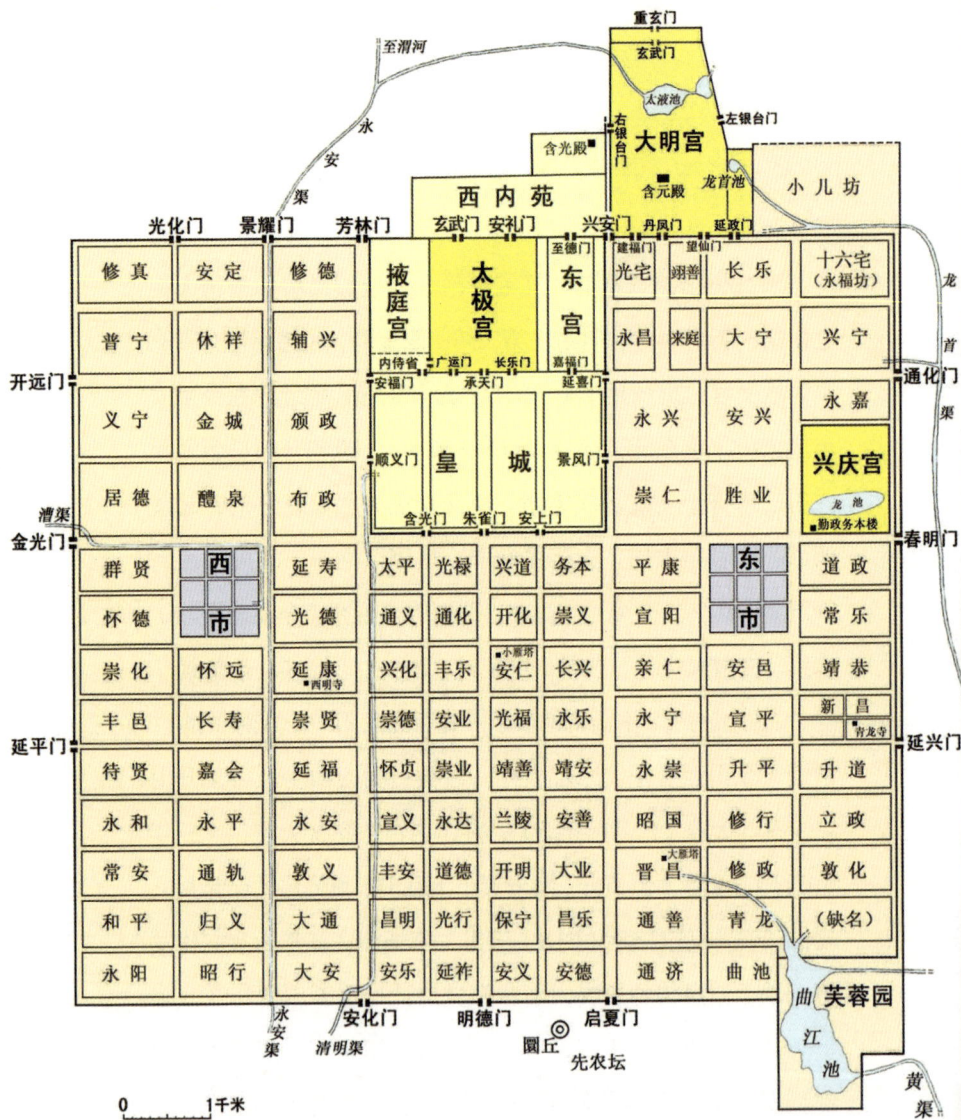

唐长安城平面图

魏徵宅

此宅在唐长安城永兴坊（朱雀大街之东第二街街东自北向南之第三坊），约在今西安市解放路南段。魏徵（580—643），唐初政治家。字玄成，巨鹿曲阳（今河北晋州西）人，年少时孤贫，出家为道士。隋末参加瓦岗起义军，后随李密降唐，授官为秘书丞，在安辑山东时，被窦建德擒获，任起居舍人。窦建德兵败后，复入唐为太子洗马。太宗即位后，擢为谏议大夫。贞观二年（628）任秘书监，参与朝政，校写秘府图籍。贞观七年（633），任侍中，封郑国公。他在任职期间，屡次劝唐太宗要以隋亡为鉴，用舟、水相比，"水能载舟，亦能覆舟"，要居安思危，去奢省费，轻徭薄赋，任贤纳谏，前后规谏二百余事，封赵国公。唐太宗曾说："贞观之后……安国利民，犯颜正谏，匡朕之违者，唯魏徵而已。"贞观十七年（643）卒。言论见于《贞观政要》。

尉迟恭宅

尉迟恭在唐长安城居宅有二：其一，在长寿坊（朱雀大街之西第三街街西自北向南之第六坊），约在今西安市徐家庄、蒋家寨北；其二，在隆政坊（朱雀大街之西第二街街西自北向南之第四坊，原本名为"隆政坊"，后为避唐玄宗讳，改为"布政坊"），约在今西安城环城西路南段自来水公司与新建村、解家村之间。尉迟恭（585—658），唐初大将，为凌烟阁二十四功臣之一。字敬德，朔州善阳（今山西朔州）人，少时以打铁为业，后从军，在李渊建唐的过程中立下赫赫战功，在玄武门之变中协助李世民夺得帝位。贞观元年（627），拜右武侯大将军，赐爵吴国公，食邑1300户。八年（634），任同州刺史。十一年（637），拜宣州刺史，改封鄂国公，后历任郝、夏二州（今陕西横山一带）都督。十七年（643），授开府仪同三司，每月初一、十五上朝即可。晚年闭门谢客，死后陪葬昭陵。被后世尊为民间驱鬼避邪、祈福求安的门神。

裴行俭宅

此宅在唐长安城永宁坊（朱雀大街之东第二街街东自北向南之第八坊），约在今西安市鲁家村北。裴行俭（619—682），唐朝名将。字守约，为河东裴氏，绛州闻喜（今山西闻喜）人，其曾祖父、祖父皆仕于北周，其父为隋朝名将、左光禄大夫裴仁基。贞观年间举明经，被任命为左屯卫仓曹参军，左卫中郎苏定方授之以用兵奇术。历任长安县令、西州（今新疆吐鲁番）都督府长史。麟德二年（665）升任安西大都护（治今新疆库车），后任吏部侍郎。上元三年（676），为洮河道左二军总管，讨吐蕃。调露元年（679），阿史那都支反叛，裴行俭以送波斯王返国为名，前往处置。过西州后，他以旧地畋猎为辞，召募四镇各族酋长、豪杰子弟万人，直赴都支营地，俘都支，筑碎叶城（今吉尔吉斯托克马克附近），威震西域。唐高宗以其文武全才，授礼部尚书兼检校右卫大将军。十一月，被任为定襄道行军大总管，领兵18万征讨突厥。次年（680）三月，大破突厥于黑山（今内蒙古包头西北）。永隆二年（681）复为定襄道行军大总管，征讨阿史那伏念和阿史德温傅。永淳元年（682）逝世。

李治宅

　　唐高宗李治在登基前，其宅在唐长安城保宁坊（朱雀大街街东自北向南之第八坊），约在今西安市长延堡街道西八里村南至西北政法大学之间，显庆元年（656）为太宗追福，改为昊天观。李治（628—683），唐太宗第九子，后登基为高宗。字为善，其母为文德顺圣皇后长孙氏。贞观五年（631），被封为晋王，十一年（637）被任命为并州都督。后太子李承乾因与四子魏王李泰争夺太子之位被太宗废黜，李治于十七年（643）被册立为皇太子。二十三年（649）即位，是为唐高宗。即位之初，继续执行太宗制定的各项政治经济制度，由李勣、长孙无忌、褚遂良等顾命大臣共同辅政。他善于纳谏，爱民如子，故而"百姓阜安，有贞观之遗风"，史称"永徽之治"。后废黜王皇后，立武则天为皇后。此后武则天开始参与国家大事。李治即位后，先灭西突厥（657）、又灭百济（660）、再灭高句丽（668），是时唐朝版图最大，东起朝鲜半岛，西临咸海，北包贝加尔湖，南至越南横山。弘道元年（683）驾崩。

长孙无忌宅

此宅在唐长安城崇仁坊（朱雀大街之东第二街街东自北向南之第四坊）东南隅，龙朔三年（663）为其妹文德皇后追福，将此宅改为资圣寺，约在今西安市建国门内。长孙无忌（？—659），唐朝宰相，凌烟阁二十四功臣之一。字辅机，河南洛阳人，隋朝右骁卫将军长孙晟之子，文德皇后同母兄，母亲高氏为北齐乐安王高劢之女。自幼好学，博通文史，胸怀韬略。隋义宁元年（617），李渊起兵，他被授渭北道行军典签，后因功擢任比部郎中，封上党县公。参与策划了玄武门之变。贞观元年（627）任吏部尚书，封齐国公，擢为尚书左仆射；二年（628）改任开府仪同三司；七年（633）十月拜司空；十六年（642）四月，太子李承乾因密谋发动政变之事败露被废，其力劝太宗立晋王李治为太子，后加授太子太师。唐高宗即位后拜无忌为太尉、同中书门下三品兼检校中书令，掌管朝廷军政大权。永徽年间，在《贞观律》基础上主持修订《唐律疏议》。《唐律疏议》创造性地于律条之后附上注疏，使得"疏在律后，律以疏存"，是中国法制史上的立法典范。其中贯彻"先存百姓"的指导思想及"安人宁国"的治国方针，使立法宽平，顺乎历史潮流，因而促进了唐初封建经济迅速恢复与发展，对后世立法如《宋刑统》《大明律》《大清律例》等都有深远影响。后反对高宗立武则天为皇后。显庆四年（659）春，武则天指使许敬宗诬其参与谋反，被削爵流放黔州（今重庆彭水），后被迫自杀。

李勣宅

此宅在唐长安城普宁坊（朱雀大街之西第四街街西自北向南之第二坊）西南隅，靠近开远门处，约在今西安市大庆路北、汉城路西。李勣（594—669），唐初名将，与卫国公李靖并称，为凌烟阁二十四功臣之一。曹州离狐（今山东菏泽西北）人，本姓徐，名世勣，字懋功。早年投身瓦岗军，唐武德二年（619）随李密降唐，任黎州总管，封莱国公，赐姓李。前后参加了对王世充、窦建德、刘黑闼、徐圆朗、辅公祏的征讨，屡立战功。李世民即位后，任并州都督。贞观三年（629），任通漠道行军总管，与李靖率军远征，攻灭了东突厥，晋封英国公。十五年（641），任兵部尚书，主管全国军务。十七年（643），任太子詹事，兼左卫率，同中书门下三品，后任叠州都督。二十三年（649），任尚书右仆射，拜为宰相。支持唐高宗立武则天为后，任辽东道行军大总管，乘高句丽内乱之机，率兵两万，克平壤，灭高句丽，并划为州县，官至太子太师。

侯君集宅

此宅在唐长安城道政坊（朱雀大街之东第四街街东自北向南之第五坊）北门之西，兴庆宫南，后为申王府，宅址约在今西安交通大学内。侯君集（？—643），唐初名将，凌烟阁二十四功臣之一。豳州三水（今陕西旬邑北）人。年少英武，隋末战乱中，被秦王李世民引入幕府，因征讨有功，累迁左虞候、车骑将军。与尉迟敬德力劝李世民发动玄武门事变。李世民即位，任左卫将军，封潞国公，迁右卫大将军。贞观四年（630）任兵部尚书，参议朝政。九年（635），为积石道行军总管，随李靖平定吐谷浑，立有大功。十三年（639）冬，为交河道行军大总管，率军灭高昌国。因私取宝物被人揭发而下狱，获释后开始心生怨恨。在李世民诸子争当太子的斗争中，图谋杀害李世民而拥立太子李承乾，事泄后，李世民为了不让刀笔小吏侮辱自己的爱将，亲自审讯并向大臣们求情，最终保护侯君集之妻及一子不死。

苏良嗣宅

此宅在唐长安城布政坊（朱雀大街之西第二街街西自北向南之第四坊），约在今西安市西关正街之南，含光门外靠西。苏良嗣（606—690），唐朝宰相。雍州武功（今陕西武功）人，巴州刺史苏世长之子。早年以门荫入仕，唐高宗时为周王府司马，遵循法度，约束王府属官，匡谏周王李哲。后迁为荆州大都督府长史。永淳（682—683）中，为雍州大都督府长史，严肃法纪，维护社会秩序，治下发生案件，必能3日破案，被号为神明。数次劝谏皇帝，反对劳役扰民，反对"与民争利"，抑制宦官的滥权行为。垂拱元年（685），武后临朝听政，被任命为冬官尚书（即工部尚书），不久代替王德贞为纳言（即侍中），位至宰相，封温国公，留守西京（即长安），武后赋诗设酒送别，恩遇甚深。不久调任文昌左相（即尚书左仆射）、同凤阁鸾台三品（即同中书门下三品），仍为宰相。一次，在入朝中遇到武后男宠薛怀义，薛怀义依仗有武后庇护，傲慢无礼，苏大怒，喝令左右侍卫扇耳光，并将其拖出宫门。载初元年（689）春，被免去文昌左相，加位特进，仍知政事，行使相权。建中元年（780），唐德宗为唐朝开国以来"名迹崇高，功效明著"的大臣评定等级，苏被定为上等。

武三思宅

此宅本驸马都尉周道务宅，在唐长安城休祥坊（朱雀大街之西第三街街西自北向南之第二坊）南门之西，宅址约在今西安市大庆路北、汉城路东一带。神龙中，其子崇训娶安乐公主，崇训被诛后，公主移居金城坊（朱雀大街之西第三街街西自北向南之第三坊），宅址约在今西安城西任家庄一带。武三思（？—707），武周宰相。并州文水（今山西文水东）人，荆州都督武士彟之孙，武后兄武元庆之子。天授元年（690），被封为梁王，食邑1000户，参与军国政事。中宗复位后，进同中书门下三品，纠集私党，将拥立中宗复位的大臣张柬之和桓彦范等人全部排挤出朝。并私通韦后与上官婉儿。其次子武崇训娶中宗女安乐公主，卖官鬻爵，排斥正人，使中宗朝政事日益败坏。神龙三年（707），谋废太子李重俊，重俊发羽林兵围其宅第，其与子崇训同时被杀。

太平公主宅

太平公主在唐都长安城的住宅先后有四处：一在唐长安城平康坊（朱雀大街之东第二街街东自北向南之第五坊），其后敕赐安西都护郭虔瓘，后又并入万安观，宅址约在今西安和平门外长胜街北段；一在唐长安城兴道坊（朱雀大街街东自北向南之第一坊），没收入官后，赐散骑常侍李令问居住，宅址约在今西安城朱雀门外东侧；一在唐长安城醴泉坊（朱雀大街之西第三街街西自北向南之第四坊）东南隅，宅址约在今西安市草阳村；一在唐长安城兴宁坊（朱雀大街之东第四街街东自北向南之第二坊）西南隅，宅址约在今西安兴庆宫北。太平公主（？—731），唐朝女政治家。唐高宗女，武则天所生，中宗李显、睿宗李旦之妹。先嫁薛绍，绍死，再嫁武攸暨。生平极受父母兄长尤其是其母武则天的宠爱，权倾一时。太平公主"喜权势"，武则天认为她长相、性格与自己相似，常与之商议政事。先天二年（713）因涉嫌谋反，被李隆基发兵擒获，赐死于家中。

上官婉儿宅

此宅在唐长安城群贤坊（朱雀大街之西第四街街西自北向南之第五坊）东南隅，后为南阳县主所居，约在今西安市西郊丰登南路南段路东。上官婉儿（664—710），唐代女官、

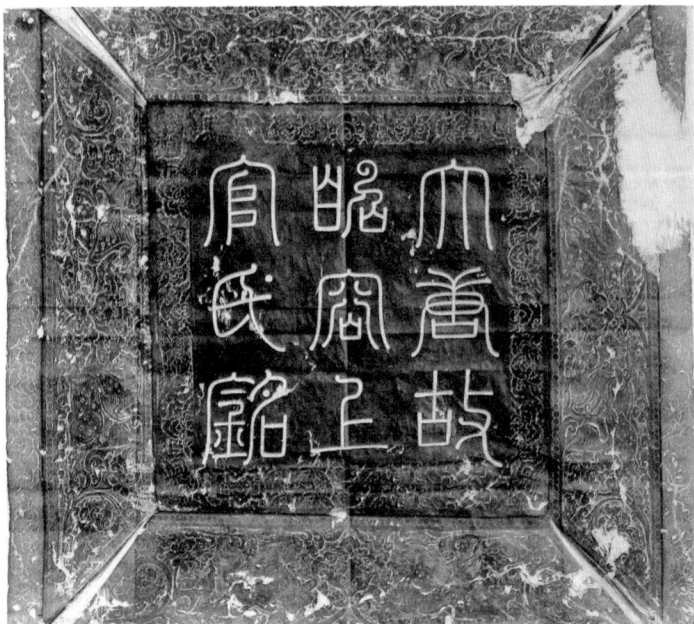

上官婉儿墓碑文

诗人。复姓上官，小字婉儿。陕州陕县（今河南陕县东北陕县老城）人。麟德元年（664），母郑氏产前梦"巨人畀大称曰：持此称量天下"。祖父上官仪、父亲上官庭芝被杀，上官婉儿和母亲一起被没入掖庭。仪凤元年（676），被立为才人，因文采而受到武则天赏识，留在武则天身边参与秘书工作。万岁通天元年（696），掌机要，掌管宫中制诰多年，"自圣历已后，百司表奏，多令参决"。景龙二年（708），规制修文馆，领导文坛。景龙四年（710），唐中宗暴毙，上官婉儿草诏令相王辅政，遭韦后党反对，未果。李隆基、太平公主联手发动唐隆政变，斩杀韦后、安乐公主，上官婉儿亦被杀。

欧阳询宅

　　此宅在唐长安城敦化坊（朱雀大街之东第四街街东自北向南之第十一坊），约在今西安市池头村东南。欧阳询（557—641），唐朝著名书法家。字信本，潭州临湘（今湖南长沙）人，南梁征南大将军欧阳頠之孙，南陈左卫将军欧阳纥之子。隋时，官至太常博士。入唐后，任给事中、银青光禄大夫、太子率更令、弘文馆学士等职，封渤海县男。其书师法二王，对汉隶和魏晋以来的楷法加以吸收，后自成一家，尽通八体，最擅长的是楷书和行书，创立了"欧体"书法，体方笔圆，人称楷书"翰墨之冠"。与同代的虞世南、褚遂良、薛稷三位并称"唐初四大家"。代表作楷书有《九成宫醴泉铭》《皇甫诞碑》《化度寺碑》，行书有《仲尼梦奠帖》《行书千字文》。对书法有其独到的见解，有书法论著《八诀》《传授诀》《用笔论》《三十六法》。子欧阳通亦有名。唐武德五年（622）应诏主编《艺文类聚》。贞观十五年（641）去世。

欧阳询书法

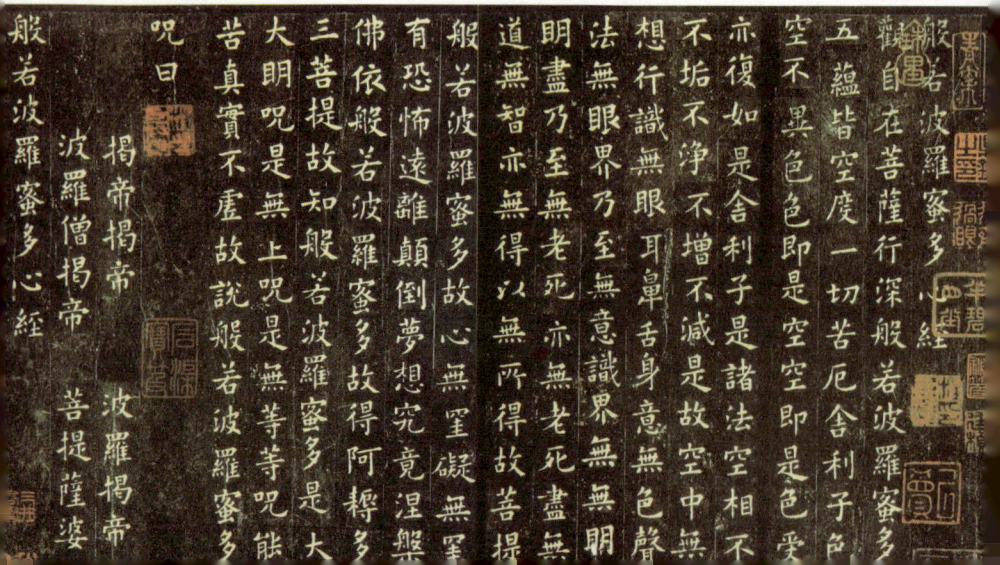

于志宁宅

　　此宅在唐长安城亲仁坊（朱雀大街之东第二街街东自北向南之第七坊）西北隅；此第后并入汾阳王郭子仪宅，闲地置田亩；后敕赐贵妃豆卢氏；后又为左金吾大将军程伯献、黄门侍郎李暠等数家所居。约在今西安市友谊东路东口十字北。于志宁（588—665），唐朝宰相。字仲谧，雍州高陵（今陕西高陵）人，北周太师于谨曾孙。隋大业末为冠氏县长，因乱弃官归里。唐高祖入关，授银青光禄大夫，历渭北道行军元帅府记事、天策府中郎、文学馆学士，位列秦王府十八学士。贞观三年（629），进中书侍郎，加散骑常侍、太子左庶子。贞观十四年（640），兼太子詹事。永徽元年（650），加光禄大夫，封燕国公。永徽二年（651），监修国史，参与《五代史志》的撰写，拜尚书左仆射、同中书门下三品，不久又兼太子少师。显庆元年（656），兼太子太师，仍同中书门下三品。因立武后一事，于显庆四年（659）八月出为荣州刺史，徙岐州刺史、华州刺史。麟德二年（665）去世。

孔颖达宅

　　此宅在唐长安城平康坊（朱雀大街之东第二街街东自北向南之第五坊）西南隅，约在今西安市和平门南。孔颖达（574—648），唐朝经学家。字冲远，冀州衡水（今河北衡水）人。

祖父孔硕，曾在北魏时任南台丞一职。父亲孔安，曾在北齐时任青州（治今山东益都）法曹参军之职。孔颖达8岁时，每天能背诵书本千余言。成年以后，满腹经纶。隋大业初，下诏各郡推举通晓经书的贤良文学之士，被授以河内郡（今河南沁阳一带）博士，后补授太学助教。隋末天下大乱，避地虎牢（今河南省荥阳汜水镇西北）。唐初，被授秦王府文学馆学士，武德九年（626）升任国子博士。贞观初，封曲阜县男，调任给事中。贞观七年（633），任太子右庶子。同魏徵修撰《隋书》，加授散骑常侍。贞观十二年（638）拜国子祭酒，仍在东宫侍讲。孔颖达所疏或正义的经书包括《周易》《尚书》《诗经》《礼记》《左传》等。贞观二十二年（648）去世。于志宁《孔颖达碑》云："薨于万年县平康里第。"

颜师古宅

此宅在唐长安城敦化坊（朱雀大街之东第四街街东自北向南之第十一坊），约在今西安市北池头村东南。颜师古（581—645），唐初儒家学者，经学家、训诂学家、历史学家。名籀，字师古，京兆万年（今陕西西安）人。祖父颜之推为南北朝的著名学者，先后仕于梁、北齐、北周，终于隋。父亲颜思鲁，以儒学显名，撰有《汉书决疑》，武德初年为秦王府记室参军事。颜师古受家学熏陶，博览群书，精训诂之学，善作文章。他还是研究《汉书》的专家，对两汉以来的经学史也十分熟悉。有《匡谬正俗》《汉书注》《急就章注》等。隋仁寿年间，授安养（今湖北襄樊）尉之职。唐初，拜为敦煌公府文学，后迁中书舍人，专掌机密。贞观初，拜中书侍郎，封琅琊县男，后因公事获罪免官。贞观七年（633）拜为秘书少监。贞观十九年（645），随从唐太宗征辽东，途中病故。

孙思邈宅

此宅在唐长安城光德坊（朱雀大街之西第二街西自北向南之第六坊），约在今西安市边家村十字北。孙思邈（581—682），唐代医药学家，被后人尊称为"药王"。京兆华原（今陕西铜川耀州区）人。北周静帝时，杨坚执掌朝政，召其任国子博士。隋开皇元年（581），隐居太白山中，一方面亲自采集草药，一方面下功夫钻研医学著作，如《黄帝内经》《伤寒杂病论》《神农本草经》等古代医书，研究药物学，同时广泛收集民间流传的药方，积累了许多宝贵的临床经验。孙思邈倾毕生精力撰成《千金要方》《千金翼方》等医学著作。唐太宗即位后，召孙思邈入京师。唐显庆四年（659），孙思邈又被接到长安城，拜谏议大夫，参与了我国第一部国颁药典《新修本草》的修撰。上元元年（674），因年高有病，恳请返回故里，高宗特赐他良驹以及已故的鄱阳公主的宅邸等。永淳元年（682）去世。

褚遂良宅

　　此宅在唐长安城平康坊（朱雀大街之东第二街街东自北向南之第五坊）西门之南，约在今西安市和平门南。褚遂良（596—658 或 659），唐朝宰相、书法家。字登善，杭州钱塘（今浙江杭州）人。父褚亮历仕陈、隋、唐三朝。褚遂良隋末被薛举任为通事舍人，后随父归唐，被任命为秦王府铠曹参军，掌管兵器铠甲事务。他博览群书，擅长书法，尤工隶书、楷书，初学虞世南，后取法王羲之，与欧阳询、虞世南、薛稷并称"初唐四大家"，传世墨迹有《孟法师碑》《雁塔圣教序》等。贞观十年（636），迁起居郎。十五年（641）为谏议大夫，兼知起居事。十八年（644），拜黄门侍郎，参与朝政。二十二年（648），为中书令。二十三年（649），与长孙无忌同受太宗遗诏辅政，升尚书右仆射，封河南郡公。永徽三年（652），任吏部尚书、同中书门下三品，继为尚书

褚遂良《雁塔圣教序》局部

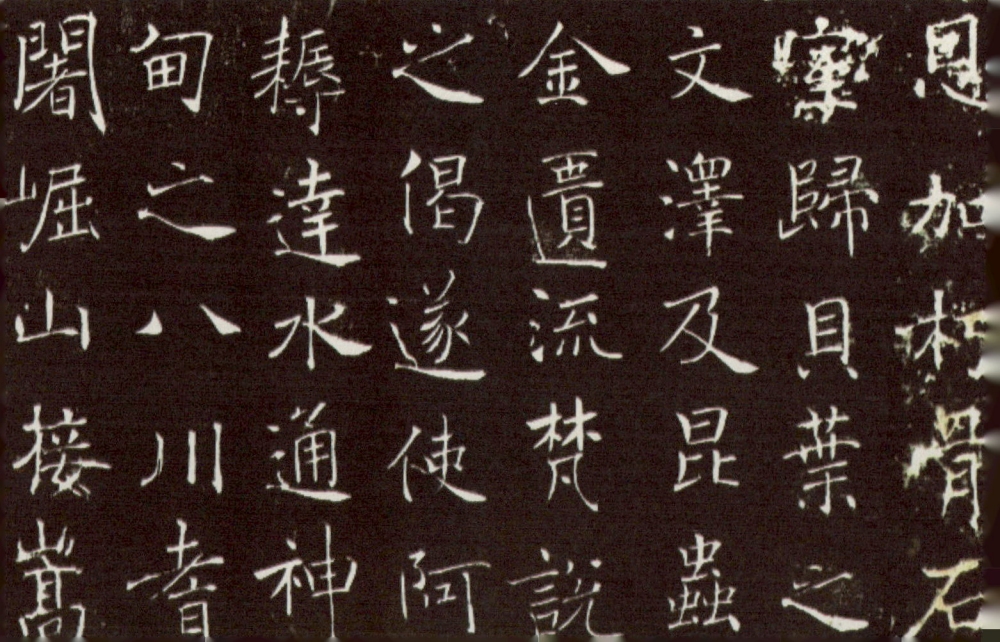

右仆射。六年（655），因坚决反对立武则天为后，被唐高宗贬为潭州（今湖南长沙）都督。显庆二年（657），迁桂州（今广西桂林）都督，再贬爱州（今越南清化一带）刺史。三年（658）或四年（659）去世。

陈子昂宅

此宅在唐长安城宣阳坊（朱雀大街之东第二街街东自北向南之第六坊），约在今西安市碑林区雁塔路北段。陈子昂（659—700），唐代文学家，初唐诗文革新人物之一。字伯玉，梓州射洪（今四川射洪）人，武周时官授麟台正字、右拾遗。《独异记》补佚载："（东市）有卖胡琴者，价百万，日有豪贵传视，无辨者。子昂以千缗市之，语众人曰：'余居宣阳里。'指其第处。"青少年时轻财好施，慷慨任侠，24 岁举进士，以上书论政得到武则天重视，授麟台正字。后升右拾遗，直言敢谏，曾因"逆党"反对武后而株连下狱。在 26 岁、36 岁时两次从军边塞。圣历元年（698），因父老，解官回乡，不久父死，居丧期间，被权臣武三思指使射洪县令段简罗织罪名加以迫害。长安二年（702）冤死狱中。其存诗共 100 多首，其诗风骨峥嵘，寓意深远，苍劲有力。其中最有代表性的有组诗《感遇三十八首》《蓟丘览古赠卢居士藏用七首》《登幽州台歌》《登泽州城北楼宴》等。

刘仁轨宅

　　此宅在唐长安城光德坊（朱雀大街之西第二街街西自北向南之第六坊），后改为光德寺，约在今西安市边家村十字西北。刘仁轨（601或602—685），唐朝宰相。字正则，汴州尉氏（今河南尉氏）人。武德初，为息州参军，后为陈仓县尉，折冲都尉鲁宁豪纵暴横，轨杖杀之，升任栎阳丞。贞观十四年（640），谏阻太宗秋季狩猎，受赞赏，迁新安令，累迁给事中。显庆四年（659），出为青州刺史。五年（660），太宗高宗攻百济（今朝鲜半岛西南部），令其监统水军，因误期被免官，以白衣随军效力。龙朔元年（661），百济起兵围攻唐将刘仁愿，诏轨为检校带方州刺史，会合新罗兵，大破百济军于熊津江口（今韩国锦江入海口）。百济平，以军功加官六阶，任带方州刺史，检校熊津都督，留镇百济。龙朔三年（663）九月，在白江口（今韩国白马江入海口）之战中，唐军四战四捷，取得了辉煌的胜利，百济再次平定。麟德二年（665），入朝随唐高宗封泰山，拜为大司寇。乾封元年（666），迁右相。总章元年（668）正月，任辽东道副大总管，统军出征高句丽。后又改任熊津道安抚大使，兼浿江道总管，统军出征高句丽；九月，唐军攻占平壤后，轨奉命留守平壤。次年军还，以疾辞职。咸亨元年（670）八月，唐军在大非川败于吐蕃，轨出任陇州刺史，以备吐蕃。五年（674年），任鸡林道大总管，率军攻新罗（今朝鲜半岛东南部），破城后退兵。还朝后任左仆射。仪凤二年（677），吐蕃挥兵扶州（治今甘肃文县）的临河镇，唐军兵败。为此，唐高宗以刘仁轨为洮河道行军镇守大使，抵御吐蕃。武后光宅元年（684），加授特进，专知西京留守事。垂拱元年（685）病卒。册赠开府仪同三司、并州大都督。唐中宗即位，加赠太尉。唐玄宗时，追谥"文献"。天宝六载（747），配享高宗庙廷。

杨执一宅

杨执一宅有两处，一处在唐长安城平康坊（朱雀大街之东第二街街东自北向南之第五坊），约在今西安市和平门南。另一处在安邑坊（朱雀大街之东第三节街东自北向南之第六坊），约在今西安市祭台村北。杨执一（661~726），唐朝名臣。字太初，弘农华阴（今陕西华阴）人。武则天初，任兵曹参军。后因武功，被提拔为游击将军、右卫郎将、右卫中郎将。神龙元年（705）参与了诛杀张易之、张昌宗兄弟事件，唐中宗以功加云麾将军、右鹰扬卫将军，封弘农县公。又进封河东郡公，加冠军大将军，特赐"铁券"。后因武三思诬陷，改任常州（今江苏常州）刺史，又转晋州（今山西新绛）刺史。景龙四年（710）中宗念其功，拜为卫尉卿，任剑州（治今四川剑阁）刺史、汾州（治今山西隰县）刺史、凉州（今甘肃武威）都督、左卫将军、河西诸军州节度督察等大使。降颉利发，败乞力徐，兼御史中丞，后授右卫将军、许州（今河南许昌）刺史。后以军功征拜左威卫大将军，寻检校右金吾卫大将军、朔方元帅兼御史大夫、右卫大将军、右金吾卫大将军、金紫光禄大夫。开元十四年（726）病逝。

阎立本宅

　　此宅在唐长安城延康坊（朱雀大街之西第二街街西自北向南之第七坊）北门之西，约在今西安市碑林区白庙路周边。阎立本（约601—673），唐代著名画家、宰相。雍州万年（今陕西西安）人。其父阎毗为北周时的驸马，才思敏捷，擅长工艺，工篆、隶书，在绘画和建筑上造诣颇高，在隋朝官至将作少监、朝散大夫。其兄阎立德，亦工于书画、工艺及建筑工程。阎立本的人物画将秦汉的淳朴豪放与魏晋的含蓄隽永融合在一

《历代帝王图》局部　阎立本

起,线条圆转流畅,疏畅坚实,色彩渲染浓重凉净,富有韵律感,构图比例和谐,技法纯熟,刻画入微,使我国人物画进入一个精湛瑰丽的新时期。显庆元年（656），阎立本由将作大将迁升为工部尚书。总章元年（668）擢升为右相,封博陵县男。当时姜恪以战功擢任左相,因而时人有"左相宣威沙漠,右相驰誉丹青"之说。咸亨四年（673）去世。代表作有《步辇图》《历代帝王图》等。

李贤宅

　　此宅在唐长安城安定坊（朱雀大街之西第三街街西自北向南之第一坊）东南隅，咸亨四年（673）改为千福寺，大中六年（852）改为兴元寺，约在今西安火烧壁及西安火车西站附近。李贤（654或655—684），章怀太子，唐高宗第六子。字明允，一度改名德。永徽五年（654或655）十二月，出生于父母祭拜昭陵途中，不久封王，自幼受到良好的教育，"初唐四杰"之一的王勃曾做其侍读。上元二年（675），太子李弘猝死，李贤继立。为太子期间多次监国，得到朝野内外称赞。曾召集文官注释《后汉书》，史称"章怀注"，具有较高史学价值。永隆元年（680），因谋逆罪被废为庶人，流放巴州。

章怀太子墓《仪卫图》

光宅元年（684）被迫自杀。著有《君臣相起发事》《春宫要录》《修身要览》等书，今已佚失。垂拱元年（685），武则天诏令恢复李贤雍王爵位。神龙初年（705），唐中宗李显复辟，追赠李贤司徒，并遣使者到巴州迎回李贤灵柩，以亲王身份陪葬乾陵。景云二年（711），唐睿宗追加李贤皇太子身份，谥号"章怀"，与太子妃房氏合葬于章怀太子墓。

李令问宅

李令问在唐长安城居宅有二：一在平康坊（朱雀大街之东第二街街东自北向南之第五坊）东南隅，本叔祖李靖宅，景龙中为韦后妹夫陆颂所居，韦氏败，宅归李令问，宅址约在今西安市和平门南；一在兴道坊（朱雀大街街东自北向南之第一坊），原为太平公主宅，宅址约在今西安市朱雀门外靠东。李令问（？—727），唐代大臣。雍州三原（今陕西三原）人，父亲李客师为李靖之弟，贞观中官至右武卫将军。李令问早先与临淄郡王李隆基亲近，李隆基即位后，以辅佐功累迁至殿中少监。先天（712—713）中，因参与诛杀窦怀贞等功，封宋国公，食邑500户。此后，转任殿中监，左散骑常侍，执掌皇帝膳食。虽受皇帝恩宠极深，但从不干预朝中政事，深为当时的舆论所称赞。开元十五年（727），凉州都督奏报回纥部落反叛，因其子与回纥部落首领承宗联姻，被贬为抚州别驾，不久去世。

宗楚客宅

此宅在唐长安城醴泉坊（朱雀大街之西第三街街西自北向南之第四坊），约在今西安市草阳村。宅第"文柏为梁，沉香和粉以泥壁，开门则香气蓬勃。磨文石为堵，砌及地，著吉莫鞋者，行则仰仆"。宗楚客（？—710），唐朝宰相。字叔敖，蒲州（治今山西永济）人。武后从父姊子。唐高宗时登进士第，武后时累迁户部侍郎。后因奸赃罪流放岭南，岁余召还。神功元年（697），升任宰相。与武懿宗不和，贬为播州司马，长安四年（704）复相。神龙初，为太仆卿，武三思引为兵部尚书。景龙初，迁中书令，封郧国公，与纪处讷同为韦后心腹，世号"宗纪"。景龙四年（710），李隆基率兵诛韦后，宗楚客亦被杀。《全唐诗》录存其诗6首。

裴光庭宅

此宅在唐长安城平康坊（朱雀大街之东第二街街东自北向南之第五坊），宅址约在今西安市和平门南。裴光庭（678—733），唐朝宰相，文学家。字连城，绛州闻喜（今山西闻喜东北）人，裴行俭子，母库狄氏极为武后宠信。神龙初明经及第。神龙三年（707），岳父武三思被诛，坐贬郢州司马。开元中，擢兵部侍郎、鸿胪少卿。开元十三年（725），迁兵部侍郎。久之，拜中书侍郎、同中书门下平章事，兼御史大夫。又迁黄门侍郎，拜侍中，兼吏部尚书、弘文馆学士。二十年（732），加光禄大夫，封正平县男。二十一年（733），卒，赠太师。主要贡献是提出了新的用人制度——"循资格"，以资历作为迁转的标准。唐初，吏部皆以才能作为选官标准，裴氏拜相后，进献"循资格"，提出选用各级官吏，以年资为擢用官吏的条件，不论有无才能，资历满后就可升官。此举对于各种官职的任职年限和晋级方式都有严格规定，不得逾越，只要不犯错误，都会有升无降。后被中书令萧嵩叫停。

萧嵩宅

此宅在唐长安城永乐坊（朱雀大街之东第一街街东自北向南之第四坊），约在今西安市草场坡一带。萧嵩（？—749），唐朝宰相。南兰陵郡兰陵（治今江苏丹阳）人。中宗神龙元年（705），以门荫补洺州参军。后历迁监察御史、御史中丞。开元初年为中书舍人，后迁尚书左丞、兵部侍郎。开元十五年（727），吐蕃出兵攻陷瓜州（今甘肃瓜州东南），唐玄宗命萧嵩镇守河西，擢为兵部尚书、河西节度使，判凉州（今甘肃武威）事。十六年（728），加授同中书门下三品，颇受恩宠。十七年（729），又加授中书令。随后，又加集贤殿学士、知院事，主持修撰《唐六典》。二十一年（733），改任尚书右丞相。二十四年（736），改拜太子太师。宰相李林甫趁张守珪贿赂中使牛仙童事败露，揭发萧嵩贿牛之情，致萧嵩被贬为青州刺史，后复为太子太师。天宝八载（749）病逝。

王元宝宅

此宅在唐长安城怀德坊（朱雀大街之西第四街街西自北向南之第六坊），约在今西安市唐延路与沣惠南路之间。所营造宅第，达官贵人宅第也少有其比，"常以金银叠为屋壁，上以红泥泥之，于宅中置一礼贤堂，沉檀为轩槛，碔砆甃地面，以绵纹石为柱础，又以铜钱穿线甃于后园花径中，贵其泥雨不滑也。四方宾客所至如归，时人呼为王家富窟"。王元宝（生卒年不详），唐朝富商。靠贩运琉璃发家，虽非达官贵人，然因富可敌国，遂交通王侯。王元宝的许多生活习惯对于民风民俗有深刻的影响，流传至今，诸如正月初五拜财神、吃发菜等。

长宁公主宅

此宅在唐长安城崇仁坊（朱雀大街之东第二街街东自北向南之第四坊），建有山池别院，"山谷虚亏华，势若自然"，中宗和韦后曾数游其第，每次来此，都是"留连弥日，赋诗饮宴"。及韦氏败，改宅为观，宅址约在今西安市建国门内。长宁公主（生卒年不详），唐中宗韦后长女。神龙年间晋封公主，食邑2500户。她倚仗母亲韦后的宠爱，卖官鬻爵，横行不法。起先下嫁给杨慎交，于东都洛阳建造府邸。李隆基平定韦后之乱后，贬斥驸马杨慎交为绛州别驾，命她一同前往，宅邸改为景云祠。开元十六年（728），杨慎交死，改嫁苏彦伯。

安禄山宅

安禄山在唐长安城居宅有四处：其一，玄宗以其旧宅隘陋，于亲仁坊（朱雀大街之东第二街街东自北向南之第七坊）南街选宽爽之地，出内库钱新造宅第，敕令督造主管只求穷极壮丽，不限财力，建成号称"京城第一"的甲第，"堂皇三重，皆像宫中小殿"，宅址约在今西安市友谊路东口十字北。后因谋逆叛乱，此宅改为回元观。其二，在永宁坊（朱雀大街之东第二街街东自北向南之第八坊），宅址约在今西安市鲁家村北。其三，在宣义坊（朱雀大街之西第一街街西自北向南之第六坊），宅址约在今西安市吉祥村西南。其四，在道政坊（朱雀大街之东第四街街东自北向南之第五坊），宅址约在今西安交通大学校园内。安禄山（703—757），"安史之乱"的祸首之一。营州柳城（今辽宁朝阳）人。其父可能是康姓胡人，母阿史德氏为突厥巫婆。自幼丧父，母改嫁安延偃。开元初，入中原，又与安思顺等结拜为兄弟，遂冒姓安，改名禄山。懂各种少数民族语言，在幽州为互市牙郎。后来，张守珪任幽州节度使，因安禄山骁勇机智，拔为偏将，并收养为子，进而步步高升。到开元二十八年（740），升任平卢兵马使。天宝元年（742），任平卢节度使。三载（744），升任范阳（今北京）节度使、河北采访使，仍兼平卢节度使。后拜杨贵妃为养母。十载（751），任河东节度使。十四载（755）十一月，经过长期准备之后，打着讨伐杨国忠的旗号，正式发动叛乱。十五载（756）正月，在洛阳自立为帝，国号"燕"。至德二载（757）正月，为其子安庆绪所杀。

李石宅

此宅在唐长安城永乐坊（朱雀大街之东第一街街东自北向南之第四坊），约在今西安市草场坡一带。李石（784—845），唐朝宰相。字中玉，陇西（今甘肃陇西西南）人。元和十三年（818）进士及第，从凉国公李听历四镇从事。大和三年（829），入朝为工部郎中，判盐铁案。五年（831），改为刑部郎中。七年（833），拜给事中。九年（835）拜相，迁户部侍郎、判度支事、同中书门下平章事；又加中书侍郎、集贤殿大学士，领盐铁转运使。开成三年（838），仇士良派人暗杀李石未果。李石遂上书辞相，挂使相衔，充任荆南节度使。武宗即位，加检校尚书右仆射。会昌三年（843），再次拜相，加检校司空、同中书门下平章事、陇西县伯、太原尹、北都留守、河东节度观察使。五年（845），改检校司徒、东都留守，同年卒于任上。

柳宗元宅

此宅在唐长安城亲仁坊（朱雀大街之东第二街街东自北向南之第七坊），约在今西安市友谊路东口十字北。柳宗元（773—819），唐代文学家、哲学家。字子厚，河东解（今山西运城西南）人。贞元九年（793），中进士第。十二年（796）任校书郎。十七年（801）被任命为蓝田尉。十九年（803）

被调回长安，任监察御史里行。永贞年间，与刘禹锡等一道参加王伾、王叔文领导的"永贞革新"，失败后，初贬为邵州刺史，再贬为永州司马，后又改贬柳州刺史。与韩愈并称为"韩柳"，与刘禹锡并称"刘柳"，与王维、孟浩然、韦应物并称"王孟韦柳"。诗文作品达 600 余篇，其文的成就大于诗。文章有近百篇，散文论说性强，笔锋犀利，讽刺辛辣。游记写景状物，多所寄托，有《河东先生集》，代表作有《溪居》《江雪》《渔翁》。元和十四年（819）去世。其《先侍御史府君神道表》云："终于亲仁里第"。

李旦宅

　　唐睿宗李旦在唐长安城居宅先后有三处：一在崇义坊（朱雀大街之东第一街街东自北向南之第二坊）横街之北，宅址约在今西安市南稍门十字东北。此地本为隋时正觉寺，唐初毁寺，赐予相王李旦为第。乾封二年（667）移长宁公主佛堂于此，重建为招福寺，寺中圣容院内有李旦为太子时之像。一在常乐坊（朱雀大街之东第四街街东自北向南之第六坊）之东，宅址在今西安市沙坡村及其西北，景云元年（710）立为大安国寺。一在亲仁坊（朱雀大街之东第二街街东自北向南之第七坊）西南隅，宅址约在今西安市友谊东路东口十字北。李旦（662—716），唐高宗第八子，为武后所生，后登基为睿宗。早年历封殷王、冀王、相王、豫王，于嗣圣元年（684）被立为皇帝，但仅是母亲武则天的傀儡。他在武周建立后，被降为皇嗣，后复封为相王，参与神龙政变。景云元年（710），在唐隆政变后被再次拥立为皇帝。他宠信妹妹太平公主，致使公主干政，与太子李隆基争权。延和元年（712）禅位于李隆基，称太上皇。李旦前后两次登基，共在位8年多，但真正掌权仅有2年，称太上皇4年。开元四年（716）去世。

虢国夫人宅

此宅在唐长安城宣阳坊（朱雀大街之东第二街街东自北向南之第六坊）；后为驸马都尉郭暧宅；唐宣宗即位以后，太皇太后为升平公主追福，改建为奉慈寺；宅址约在今西安市碑林区雁塔北路李家村十字东。虢国夫人（？—756），杨贵妃

《虢国夫人游春图》 张萱

之三姐。蒲州永乐（今山西芮城）人。早年随父居住在蜀中，后嫁裴氏为妻，裴氏早亡。杨贵妃得宠以后，因怀念姐姐，请求唐玄宗将她的3位姐姐一起迎入都城长安。唐玄宗爱屋及乌，赐以住宅，天宝初，封三人为国夫人，分别为秦国夫人、虢国夫人、韩国夫人。因为得到皇帝的殊宠，她们恃宠娇纵，横行无忌，史载："贵妃姊虢国夫人，宠极一时，大置第宅。栋宇之盛，举无与比。"所建新宅园的中堂召工坊墁，约用钱200万贯，墁工还求再加厚赏。虢国夫人增给绛罗500疋，尚嫌不满意，且嗤鼻夸言。由此可知宅院之豪奢。至德元载（756），在安史之乱中出逃自杀。

唐代画家张萱曾有画作《虢国夫人游春图》，描绘了天宝十一载（752）虢国夫人及其眷从盛装出游，"道路为（之）耻骇"的典型场景。

元载宅

元载在唐长安城南、北各有一宅第。一在安仁坊（朱雀大街东侧从北向南之第三坊），宅址在今西安市南稍门十字西南，宅有芸辉堂。另一别宅在大宁坊（朱雀大街之东第三街街东自北向南之第三坊），宅址在今西安城东长乐西路路北。此外，他还在长安城南置别墅数十栋。元载（？—777），唐朝肃宗、代宗时的宰相。字公辅，凤翔岐山（今陕西岐山）人。祖系出自拓跋氏。天宝元年（742）以道学入试，"策入高第"，被授新平县（今陕西彬县）尉。此后历任黔中监选使判官、大理评事、东都留守司判官、大理司直。至德元载（756），任度支郎中，并督领江淮转运事务，加御史中丞。上元二年（761）任户部侍郎、度支使、诸道转运使。宝应元年（762），升任中书侍郎、同平章事，加集贤殿大学士、银青光禄大夫，封许昌县子，李辅国罢相后，所任天下元帅府行军司马由元载继任。后元载独揽朝政，又专营私产，大兴土木，逐渐引起代宗的反感。大历十二年（777），其与家人被先后赐死。

权德舆宅

此宅在唐长安城光福坊（朱雀大街东侧从北向南之第四坊），约在今西安市夏家庄一带。权德舆（759—818），唐朝宰相。字载之，天水略阳（今甘肃天水东北）人。先祖累世为显宦，父权皋以忠孝闻名天下，玄宗朝任监察御史，肃宗朝任著作郎。大历十三年（778），权德舆被河南黜陟使韩洄任命为从事，试秘书省校书郎。其后，任太常博士，不久转左补阙。其人耿直刚正，颇得唐德宗赏识。贞元八年（792），关东、淮南等地因涝粮食歉收，民不聊生。他上疏请求蠲其租税，安定民心，并提出"赋取于人，不若藏于人之为固"之观点。十八年（802），任命为礼部侍郎。元和五年（810），任礼部尚书、同中书门下平章事，又为扶风郡开国公。八年（813），以检校礼部尚书的身份任东都留守。十年（815），改任刑部尚书。十一年（816），任检校吏部尚书、充山南西道节度使。十三年（818），病卒，赠尚书左仆射。

杨国忠宅

杨国忠在唐长安城居宅有二。其一，在宣阳坊（朱雀大街之东第二街街东自北向南之第六坊），宅址约在今西安市和平门建西街东段路南。天宝末安禄山军陷京师，王维、郑虔、张通等皆受逆贼伪命，唐廷收复两京后，俱囚于杨国忠宣阳坊旧第。另一处宅在宣义坊（朱雀大街之西第一街街西自北向南之第六坊），"构连甲第，土木被绨绣，栋宇之盛，两都莫比"，宅址约在今西安市吉祥村西南。杨国忠（？—756），唐玄宗时期的外戚和权臣。本名钊，蒲州永乐（今山西芮城西南）人，杨贵妃堂兄，因贵妃得宠，迁监察御史、侍御史。他既善于迎合上意，又是敛财能手，以搜刮民财充

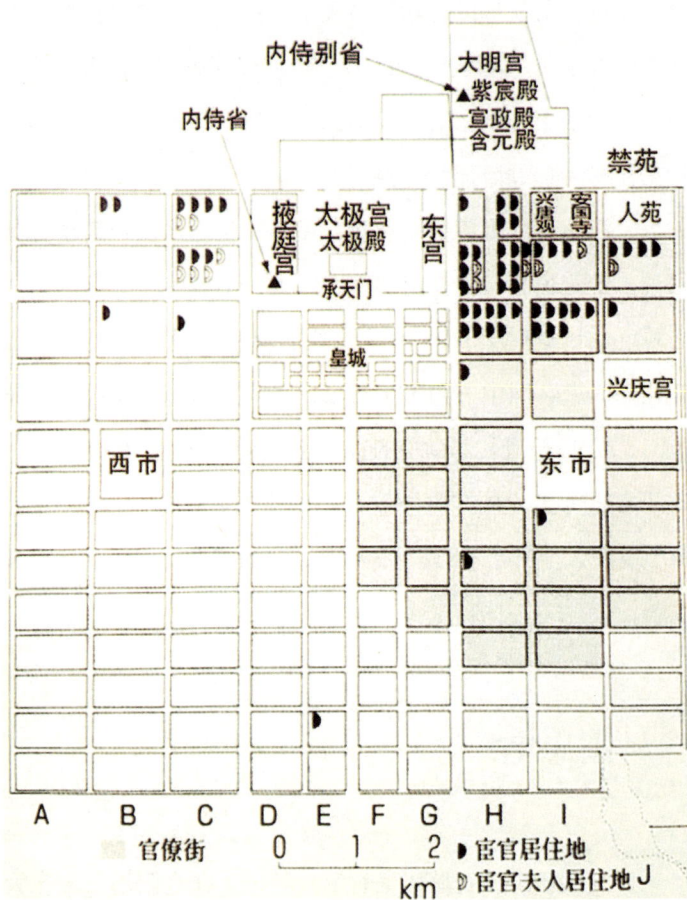

唐长安城官僚宅邸分布示意图

实官库博取玄宗信任，赐名国忠。天宝十一载（752）李林甫死，代任右相，兼领40余职，结党营私，权倾朝野，广收贿赂，积缣多至3000万匹。安史之乱时，他随玄宗奔蜀，至马嵬驿，为哗变的随军将士所杀。

李林甫宅

李林甫在唐长安城的府第,相当阔绰,亭台楼榭样样俱全,在唐长安城平康坊（朱雀大街之东第二街街东自北向南之第五坊）东南隅,宅第正寝之后,别建一堂,有如偃月,故号"月堂",宅址约在今西安市和平门南。李林甫（683—753）,唐朝宰相。小字哥奴,祖籍陇西。李渊的从父弟长平王李叔良的曾孙。早年曾任千牛直长,贿结武惠妃,开元迁为太子中允。开元十四年（726）宇文融为御史中丞,引荐李林甫与自己同列,拜官御史中丞,历刑、吏二部侍郎。二十三年（735）,任礼部尚书、同中书门下三品,又加银青光禄大夫。二十四年（736）,接替张九龄,升任中书令。天宝六载（747）,加开府仪同三司,又兼尚书左仆射,晋封晋国公,食邑300户。十二载（753）去世。死后被杨国忠诬告谋反,遭削官改葬,抄没家产,子孙流放。

李辅国宅

此宅在唐长安城安邑坊（朱雀大街之东第三街街东自北向南之第六坊）,约在今西安市祭台村北。李辅国（704—762）,唐代宦官。正史未载其籍贯。本名静忠。初为马厩小儿,后事宦官高力士,年四十,主厩中簿籍。天宝十四载（755）,安史之乱爆发,唐玄宗仓皇出逃,李辅国跟随,劝太子李亨（即唐肃宗）往朔方（治今宁夏吴忠西）。唐肃宗即位后，擢李辅国为太子家令，判元帅府行军司马。至德二载（757）二月，从肃宗至凤翔，拜为太子詹事。十月，肃宗返回长安，为少府、殿中二监都使，加开府仪同三司，封郕国公，专掌禁兵，常住内宅。乾元元年（758）二月，兼太仆卿。上元二年（761）八月，为兵部尚书。宝应元年（762），因与张皇后争权，与另一宦官程元振发动宫廷兵变。杀张皇后，拥立太子李豫（即唐代宗）为帝，被尊为尚父，加司空、中书令，食邑800户，越发飞扬跋扈。同年，被代宗派人刺死。

杜甫宅

　　杜甫在唐都长安的宅第在少陵原，今韦曲有杜公祠，其宅址大约亦位于附近。杜甫（712—770），唐初著名诗人，自称"少陵野老""杜陵布衣"，被后人尊称为"诗圣"，他的诗被称为"诗史"。字子美，本襄阳（今湖北襄樊襄阳区）人，后徙巩县（今河南巩义西南）。西晋名将杜预之十三代孙，祖父杜审言曾任膳部员外郎，其父杜闲曾任奉天县县令。开元二十四年（736），参加进士考试落选。天宝六载（747），唐玄宗诏令天下"通一艺者"到长安应试，再次落选。十四载（755），被授予河西尉，后改任右卫率府兵曹参军，同年安史之乱爆发，迁徙到鄜州（今陕西富县）。至德二载（757）五月，被授左拾遗。乾元二年（759），几经辗转到达成都。在严武等人的帮助下，在城西浣花溪畔建成"杜甫草堂"，也称"浣花草堂"。

后被严武荐为节都，全家寄居在夔州（今重庆奉节县）。广德二年（764）春，严武再镇蜀，杜甫又回到草堂。严武表荐杜甫为检校工部员外郎。三年（765）四月，严武去世，杜甫离开成都。大历元年（766）到达夔州。三年（768），杜甫乘舟出峡，先到江陵，又转公安，年底又漂泊到湖南岳阳。四年（769）正月，由岳阳到潭州（今湖南长沙），又到衡州（今湖南衡阳），复折回潭州。大历五年（770），在往岳阳的一条小船上去世。杜甫在中国古典诗歌中的影响非常深远，创作了《春望》《北征》《三吏》《三别》等名作。共有约1500首诗歌被保留下来，大多集于《杜工部集》。

裴休宅

此宅在唐长安城永宁坊（朱雀大街之东第二街街东自北向南之第八坊），约在今西安市鲁家村北。裴休（791—864），唐朝宰相。字公美，孟州济源（今河南济源）人。长庆二年（822）举进士。大和二年（828）又登贤良方正、能直言极谏科。入朝历任监察御史、右补阙、史馆修撰。唐武宗会昌年间以尚书郎典官外郡。大中（847—860）时，累官户部侍郎、诸道盐铁转运使、兵部侍郎、御史大夫。大中六年（852）升任同中书门下平章事，后累转中书侍郎兼礼部尚书。十年（856）罢相，为宣武军节度使，封河东县子。大中末年又历任昭义、河东、凤翔、荆南4镇节度使。咸通（860—874）初，入拜户部尚书、吏部尚书，加太子少师。咸通五年（864）逝世。

白居易宅

　　白居易在唐长安城多次搬家。初至长安，居住于永崇坊东南隅之华阳观，观址约在今西安城南雁塔路南段西侧省委大院处，白氏有《永崇里观居》诗。贞元十四年（798），迁居于常乐坊（朱雀大街之东第四街街东自北向南之第六坊），宅址在今西安市沙坡村及其西北。有《常乐里闲居偶题十六韵兼寄刘十五公》诗云："茅屋四五间，一马二仆夫。俸钱万六千，月给亦有余。"元和五年（810），居于宣平坊（朱雀大街之东第三街街东自北向南之第七坊），宅址约在今西安市东南新后村至祭台村一带。九年（814），居于昭国坊（朱雀大街之东第二街街东自北向南之第十坊），宅址约在今西安市南雁塔路东段长安大学至西安财经学院之间，有《昭国闲居》诗。又迁居于新昌坊（朱雀大街之东第四街街东自北向南之第八坊）东街，宅址在今西安市东南铁炉庙村。《题新居寄元八》诗云："青龙冈北近西边，移入新居便泰然。冷巷闭门无客到，暖檐移榻向阳眠。阶庭宽窄才容足，墙壁高低粗及肩。莫羡升平元八宅，自思买用几多钱。"又其《题新昌新居》诗云："宅小人烦闷，泥深马钝顽。街东闲处住，日午热时还。"白居易（772—846），唐朝诗人。字乐天，号香山居士，又号醉吟先生，山西太原人。元和元年（806），及进士第，授盩厔县（今周至县）尉。二年（807），授翰林学士。九年（814），授太子左赞善大夫。十年（815），贬为江州（今江西九江）司马。十五年（820），任主客郎中、知制诰。长庆二年（822），任杭州（今浙江杭州）刺史。大和二年（828），任刑部侍郎，封晋阳县男。晚年大多在洛阳的履道里度过。会昌六年（846）去世。有《白氏长庆集》传世，代表诗作有《长恨歌》《卖炭翁》《琵琶行》等诗歌。

高力士宅

　　高力士在唐长安城居宅有两处：一在兴宁坊（朱雀大街之东第四街街东自北向南之第三坊），宅址约在今西安市长乐中路北，天宝六载（747）舍宅为华封观；一在翊善坊（朱雀大街之东第二街街东自北向南之第一坊），宅址约在今西安市火车站东，天宝九载（750）舍宅为保寿寺。高力士（684—762），唐代著名宦官，被誉为"千古贤宦第一人"。本名冯元一，潘州（今广东高州）人。曾祖冯盎为广、韶十八州总管，祖父冯智玳曾为潘州刺史，父冯君衡因罪被"裂于冠冕，籍没其家"。圣历(698—700)初入宫，被宦官高延福收为养子，改名高力士。唐隆元年（710），李隆基发动羽林军平定韦后之乱，恢复睿宗帝位，因功被立为皇太子，奏请让高力士隶属内坊，在其左右侍奉，授以朝散大夫、内给事。开元元年（713），助李隆基粉碎了太平公主的阴谋政变，因功擢升右监门卫将军，知内侍省事，开始介入政事。天宝七载（748），加官骠骑大将军。安史之乱中侍奉李隆基至蜀，加开府仪同三司，晋爵齐国公，食邑500户。上元元年（760），被李辅国陷害，流放黔中道。宝应元年（762）三月，得知李隆基驾崩，吐血而死。

杜佑宅

　　此宅在唐长安城安仁坊（朱雀大街东侧从北向南之第三坊），有屋13间，宅址约在今西安市南稍门十字西南。杜佑（735—812），唐朝宰相、史学家。字君卿，京兆万年（今陕西西安）人。父希望，以熟谙边事，为鄯州（今青海乐都）都督留后，后擢升为鸿胪卿，又任恒州刺史、西河太守。天宝十一载（752）杜佑以父荫为济南郡参军、郯县丞。后为韦元甫幕僚，由殿中侍御史转主客员外郎。大历七年（772），任工部郎中。后任江西青苗使，转抚州（治今江西临川）刺史，改御史中丞，充容州（治今广西北流）刺史兼容管经略使。十四年（779），再为工部郎中，不久升迁为户部侍郎判度支。贞元三年（787），召为尚书左丞，复以御史大夫领陕州长史、陕虢观察使。五年（789），迁检校礼部尚书、扬州大都督府长史，充淮南节度使。十九年（803），升任司空、同平章事。后又进拜司徒、度支盐铁使，封岐国公。元和七年（812）去世。其为考溯各种典章制度的源流，博览古今典籍及历代名贤论议，所撰《通典》成书于唐贞元十七年（801），记述了远古黄帝时期至唐朝天宝末的制度沿革，分为食货、选举、职官、礼、乐、兵、刑法、州郡、边防九典，并以说、议、评、论的方式，提出自己的见解和主张，以示劝诫。《通典》一书创立了史书编纂的新体裁，开创了中国史书的新体裁，是中国历史上第一部记述历代典章制度的典志体史书。

贾耽宅

　　此宅在唐长安城光福坊（朱雀大街东侧从北向南之第四坊），约在今西安市夏家庄一带。贾耽（730—805），唐代宰相，杰出的地理学家，历仕玄、肃、代、德、顺、宪六朝。字敦诗，沧州南皮（今河北南皮）人，曹魏太尉贾诩之后。先祖北魏时居长乐（今河南安阳东），七世祖贾元楷因避葛荣之乱，迁居浮阳（今河北沧州东南）。祖父贾知义曾任沁源（今山西沁源）主簿，赠扬州大都督。父贾炎之，赐尚书左仆射。天宝十载（751），贾耽登明经第，乾元（758—760）中授临清（今河北清河）县尉。大历十四年（779）任检校左散骑常侍兼梁州（今陕西汉中）刺史、朝仪大夫，山南西道节度使，封广川男。建中三年（782），任检校工部尚书，兼御史大夫、山南东道节度使。贞元九年（793），拜尚书右仆射同中书门下平章事，正式拜相。十七年（801）封魏国公。永贞元年（805），进左仆射，不久去世。大中二年（848），绘像凌烟阁。郑余庆《贾耽碑》云："终于光福里第。"在中国古代地理学史上，贾耽为裴秀之后又一位划时代的人物，对后世制图影响深远，其继承并发展了科学制图方法。贾耽工于书法，并通晓医术。著有《海内华夷图》、《古今郡国县道四夷述》40卷、《陇右山南图》6卷、《贞元十道录》4卷、《皇华四达记》10卷、《吐蕃黄河录》4卷、《三代地理志》6卷、《地理论》6卷、《唐七圣历》1卷、《备急单方》1卷、《医牛经》1卷、《地图》10卷及《百花谱》。《全唐诗》、《全唐文》均录有其诗文。

韩愈宅

　　韩愈为官时居宅在唐长安城靖安坊（朱雀大街之东第一街街东自北向南之第五坊），宅址约在今西安市陕西教育学院一带。另外，韩愈还有一套别墅，在今天西安市长安区韦曲东皇子坡之南，称韩庄。韩愈（768—824），唐朝政治家、文学家、思想家、哲学家。字退之，河南河阳（今河南孟州南）人，自称"郡望昌黎"，世称"韩昌黎""昌黎先生"。贞元八年（792）登进士第。十二年（796），任秘书省校书郎，并出任宣武军节度使观察推官。十八年（802），被任命为国子监四门博士。十九年（803），升任监察御史，同年被贬阳山县令。元和三年（808），担任国子博士。八年（813），任比部郎中、史馆修撰，奉命修撰《顺宗实录》。十二年（817），出任宰相裴度的行军司马，后因谏迎佛骨一事被贬至潮州。长庆二年（822），任吏部侍郎。四年（824）去世。在文学史上，韩愈为唐代古文运动之倡导者，位列"唐宋八大家"之首，有"文章巨公""百代文宗"之美誉。后人将其与柳宗元、欧阳修和苏轼合称"千古文章四大家"。韩愈的作品非常丰富，现存诗文 700 余篇，其中散文近 400 篇。其赋、诗、论、说、传、记、颂、赞、书、序、哀辞、祭文、碑志、状、表、杂文等各种体裁的作品，均有卓越的成就。门人李汉曾编其遗文为《韩愈集》四十卷，有《韩昌黎集》等传世。

刘禹锡宅

此宅在唐长安城光福坊(朱雀大街东侧从北向南之第四坊），约在今西安市夏家庄一带。刘禹锡（772—842），唐代文学家、哲学家。字梦得，河南洛阳人。唐贞元九年（793），登进士第，同年又登博学宏词科。十八年（802），任监察御史。二十一年（805），被贬远州（今四川茂县）司马，行至江陵（今湖北荆州）之时，又被贬连州（今广东连州）刺史。宝历二年（826），奉调回东都洛阳，任东都尚书。会昌元年（841），加检校礼部尚书衔。二年（842）去世。在文学史上，刘禹锡占有一席之地，有《刘梦得文集》存世。其诗文俱佳，涉猎题材广泛，与柳宗元并称"刘柳"，与韦应物、白居易合称"三杰"，并与白居易合称"刘白"，有《陋室铭》《竹枝词》《杨柳枝词》《乌衣巷》等名篇。其哲学著作《天论》三篇，论述天的物质性，剖析"天命论"产生的根源，具有朴素唯物主义思想。

元稹宅

元稹宅初在唐长安城靖安坊北街（朱雀大街之东第一街街东自北向南之第五坊），宅址约在今西安市陕西教育学院一带。《靖安穷居》诗云："喧静不由居远近，大都车马就权门。野人住处无名利，草满空阶树满园。"宅西近靖善坊大兴善寺，故白居易《寄微之》诗云："树依兴善老，草傍靖安衰。"宅中有莘夷两树，元稹与白居易常游憩于其下。拜相后，移居于安仁坊（朱雀大街东侧从北向南之第三坊），宅址约在今西安市南稍门十字西南。元稹（779—831），唐朝宰相，著名诗人、文学家。字微之，河南洛阳人。系元魏宗室鲜卑族拓跋部的后裔，北魏昭成帝拓跋什翼犍十四世孙。贞元九年（793）明经及第。十五年（799），在河中府任职。十九年（803），授秘书省校书郎。元和元年（806），授左拾遗。五年（810），被贬为江陵府士曹参军。十年（815），又贬为通州司马。十四年（819）冬，被召入京，任膳部员外郎，次年任祠部郎中、知制诰。长庆元年（821），拜相，后出为同州刺史。大和三年（829），入朝，任尚书左丞。四年（830），任检校户部尚书，兼御史大夫、鄂州刺史、武昌军节度使等职。五年（831）去世。元稹在文学上以诗成就最大，言浅意哀，仿佛孤凤悲吟，极为扣人心扉、动人肺腑。代表作有传奇《莺莺传》及诗《菊花》《离思五首》《遣悲怀三首》等。现存诗 830 余首，收录诗赋、诏册、铭谏、论议等共 100 卷。

杜牧宅

　　杜牧原祖居在唐长安城安仁坊（朱雀大街东侧从北向南之第三坊），宅址在今西安市南稍门十字西南。后徙居于长兴坊（朱雀大街之东第一街街东自北向南之第三坊），宅址约在今西安市南稍门十字东南。杜牧《上宰相求湖州第二启》云："某幼孤贫，安仁旧第置于开元末，有屋三十间而已。

元和末，酬偿息钱，为他人所有，因此移去，八年中凡十徙其居，奔走困苦，无所容归。"有《长兴里夏日寄南邻避暑》诗，即徙居此处时作。后又得其祖居，返归安仁坊。杜牧（803—853），唐朝著名诗人。字牧之，京兆万年（治今陕西西安）人。大和二年（828）登进士第，任弘文馆校书郎。曾为江西、宣歙观察使沈传师和淮南节度使牛僧孺的幕僚。历任国史馆修撰，膳部、比部、司勋员外郎，黄州、池州、睦州刺史等职。大中六年（852），病逝。《旧唐书》载："以疾终于安仁里，年五十。"晚年居长安南樊川（西安市长安区少陵原与神禾原之间）别墅，故后世称"杜樊川"，著有《樊川文集》。诗歌以七言绝句著称，内容以咏史抒怀为主，其诗英发俊爽，多切经世之物，在晚唐成就颇高。杜牧人称"小杜"，以别于杜甫之"大杜"，与李商隐并称"小李杜"。

李商隐宅

　　此宅在唐长安城新昌坊（朱雀大街之东第四街街东自北向南之第八坊），约在今西安市铁炉庙村及其北。李商隐（约813—约858），字义山，号玉谿生，怀州河内（今河南沁阳）人。因卷入"牛李党争"，一生困顿不得志。开成二年（837），登进士第。三年（838），为泾原节度使王茂元的幕僚。四年（839），任秘书省校书郎，不久调任弘农（今河南灵宝）县尉。会昌二年（842），为秘书省正字，后丁母忧居家。五年（845），重回秘书省，仍为正字。大中元年（847），随桂管观察使郑亚赴桂林任职。五年（851）十一月，任西川节度使柳仲郢的幕僚。九年（855），任盐铁推官。唐大中末年（约858）病逝。李商隐擅长诗歌写作，其骈文的文学价值亦颇高。其诗构思新奇，风格秾丽，尤其是一些爱情诗和无题诗，但部分诗歌（以《锦瑟》为代表）过于隐晦迷离，以至有"诗家总爱西昆好，独恨无人作郑笺"之说。

郭子仪宅

郭子仪在唐长安城居宅有二。其一在常乐坊（朱雀大街之东第四街街东自北向南之第六坊），宅址在今西安市沙坡村及其西北。其二在唐长安城亲仁坊（朱雀大街之东第二街

街东自北向南之第七坊），宅址约在今西安市友谊东路东口十字北，规模宏大，宅占其坊的四分之一，家人三千，聚族而居。亲仁坊原是唐睿宗在藩时府邸所在，因而该坊在玄宗朝地位非同寻常。郭子仪的第六子郭暧与代宗次女升平公主成婚，搬离亲仁坊，在宣阳坊（朱雀大街之东第二街街东自北向南之第六坊）另立门户，宅址约在今西安市碑林区雁塔路北段。郭子仪（697—781），唐朝著名军事家、政治家。华州郑县（今陕西华县）人。其父郭敬之，历任绥、渭、寿、泗、桂等五州刺史。初以武举补左卫长史，天宝八载（749）任横塞军使，后以天德军使兼九原太守、朔方节度右兵马使。安史之乱爆发不久，被任命为灵武郡太守、朔方节度使，率军出单于府（今内蒙古和林格尔），攻陷河东地区的战略重地静边军（今山西右玉县右卫镇），此为安史之乱后唐军的

《郭子仪祝寿图》

首次大捷。十五载（756），与李光弼军配合作战，在嘉山大败史思明叛军，河北十余郡重归唐朝掌握。至德二载（757）联合回纥收复长安，以功加司徒，封代国公，对挽救唐朝于危亡起到了至关重要的作用。乾元元年（758）八月，进位中书令。宝应元年（762）初，太原、绛州兵变，被封为汾阳王。大历十四年（779），被尊为"尚父"，进位太尉、中书令。建中二年（781）去世，追赠太师，谥号忠武。

李贺宅

　　此宅在唐长安城崇义坊（朱雀大街之东第一街街东自北向南之第二坊），约在今西安市南稍门十字东北。李贺（790—816），唐朝著名诗人，有"诗鬼"之称。字长吉，福昌（今河南宜阳西）人，是唐宗室郑王李亮后裔，起初是一名僧人，后来还俗。因家居福昌昌谷，后世称李昌谷，有《雁门太守行》《李凭箜篌引》等名篇，著有《昌谷集》。其诗作想象力极为奇特，经常用神话传说来寓今，表达自己的心情，后人常称他为"鬼才""诗鬼"，创作的诗文为"鬼仙之辞"，留下如"黑云压城城欲摧""雄鸡一声天下白""天若有情天亦老"等千古佳句。虽天赋异禀，但终日陷于悲愤的情感中，其诗大多慨叹生不逢时与内心的苦闷，常抒发对理想、抱负的执着追求；作品中对唐朝后期的藩镇割据、宦官专权以及人民所受的残酷剥削皆有所反映。

李光弼宅

此宅在唐长安城敦义坊（朱雀大街之西第二街街西自北向南之第十一坊），约在今西安市丁白村南。李光弼（708—764），唐朝名将。营州柳城（今辽宁朝阳）人，契丹族，出身"柳城李氏"，左羽林大将军李楷洛第四子，初任左卫亲府左郎将，袭封蓟郡公。天宝十四载（755），安史之乱爆发，经郭子仪推荐为河东节度副大使，掌管节度使职务，后又加魏郡太守、河北采访使，多次打败史思明所率叛军。至德元载(756)，与郭子仪一道进攻河北，收复被叛军所占领的州县。由于屡建奇功，不久被提升为司徒，后又任司空，封郑国公，食邑800户。"战功推为中兴第一"，获赐铁券，名藏太庙，绘像凌烟阁。晚年为宦官程元振、鱼朝恩等所谗。广德二年（764）病死徐州。著有《将律》《统军灵辖秘策》《李临淮武记》。

高仙芝宅

此宅在唐长安城永安坊（朱雀大街之西第二街街西自北向南之第十坊），约在今西安市丁白村北。高仙芝（？—756），唐朝名将，高句丽人。少随父至安西（今新疆库车），以父功授游击将军。开元（713—741）末，为安西副都护、四镇都知兵马使。时小勃律（在今克什米尔西北部）及其附近20余部皆为吐蕃所控制。天宝六载（747）八月，平小勃律，威震西域诸国，以功迁安西四镇节度使。八载（749），加特进、兼左金吾卫大将军同正员。九载（750），伪与石国（今乌兹别克斯坦塔什干一带）约和，引兵袭攻。十载（751），石国王奔大食求援，引大食欲攻安西四镇，高仙芝率番、汉兵三万西出迎击，至怛罗斯城（今哈萨克斯坦东南部江布尔城），与大食军相遇，因所统葛逻禄部叛变，遭夹击，大败，仙芝仅以身免。十四载（755），晋密云郡公。同年十一月，安史之乱爆发，奉命屯兵陕州（今河南三门峡西）。因防守洛阳的范阳、平卢节度使封常清兵败西奔，遂与之退保潼关（今陕西潼关东北）。十二月被杀。

李吉甫宅

此宅在唐长安城安邑坊（朱雀大街之东第三街街东自北向南之第六坊），约在今西安市祭台村北。《卢氏杂说》曰："李吉甫宅，泓师谓其地形为玉杯，牛僧孺宅（在新昌里）为金杯。云玉杯一破无复全，金杯或伤重可完。"李吉甫（758—814），字弘宪，赵郡赞皇（今河北赞皇）人。父李栖筠，曾任给事中、工部侍郎、常州刺史、浙西观察使等职。早年以门荫入仕，补左司御率府仓曹参军。贞元初，授太常博士，后迁屯田员外郎、驾部员外郎、明州（今浙江宁波）长史、忠州（今重庆忠县）刺史、郴州（今湖南郴州）刺史、饶州（今江西鄱阳）刺史。元和元年（806）任考功郎中，知制诰，不久为翰林学士、中书舍人。二年（807），升任中书侍郎、同中书门下平章事。三年（808）九月，辞去宰相之职，以检校兵部尚书兼中书侍郎、同中书门下平章事，为淮南节度使，在任3年，于高邮修筑了平津堰。六年（811）正月，复为宰相，授金紫光禄大夫、集贤殿大学士、监修国史、上柱国。九年（814）去世。其论著有《六代略》《元和郡县图志》《古今地名》等。

裴度宅

此宅在唐长安城永乐坊（朱雀大街之东第一街街东自北向南之第四坊），约在今西安市草场坡一带。裴度（765—839），唐朝著名政治家、文学家，历德宗、顺宗、宪宗、穆宗、敬宗、文宗几朝，数度拜相。字中立，河东闻喜（今山西闻喜东北）人。祖父裴有邻曾任濮阳（今河南濮阳）令，父亲裴溆曾任渑池（今河南渑池）县丞。贞元五年（789），进士及第，之后又连中制举中的博学宏词科、贤良方正、能直言极谏科、对策高第。六年（790），被授予河阴（治今河南郑州西北）县尉。八年（792），任监察御史。元和六年（811），迁官司封员外郎，代皇帝起草诏令。九年（814），升任御史中丞。十年（815），任刑部侍郎。十三年（818）二月，封晋国公，册封金紫光禄大夫、弘文馆大学士，赐勋上柱国，食邑3000户。晚年留守东都洛阳，为洛阳文事活动的中心人物，与白居易、刘禹锡等往来密切。开成四年（839）去世。

李德裕宅

　　此宅在唐长安城安邑坊（朱雀大街之东第三街街东自北向南之第六坊）东南隅，约在今西安市祭台村北，宅第内有起草院、精思亭等，庭院内"怪石古松，俨若图画"。李德裕（787—850），唐朝宰相，"牛李党争"中李党领袖。字文饶，赵郡赞皇（今河北赞皇）人。其宗族"冠内廷者两代，袭侯伯者六朝"，祖父李栖筠，曾任给事中、工部侍郎、常州刺史、浙西观察使等职。父李吉甫，宪宗朝两任宰相，封赵国公。早年以门荫入仕，历任西川节度使、兵部尚书、同平章事等职。唐文宗、唐武宗时居相位，因功拜太尉，晋封卫国公。李德裕先后3次在润州（今江苏镇江）为官。多次奏请免除国家常赋以外的临时摊派，以减轻人民的额外负担。曾下令禁止用金银锦绣随葬。大和五年（831）在西川时接

《李德裕会客图》（南唐）周文矩　张大千临摹

受吐蕃维州守将归降，收复维州，而被宰相牛僧孺逼令送还。在"牛李党争"中，李德裕是李党领袖，主张削藩，任用公卿子弟为大臣。后遭牛党打击，被贬为崖州（今海南琼山东南）司户。大中四年（850）死于任所。李商隐在为《会昌一品集》作序时誉其为"万古良相"，梁启超将其与管仲、商鞅、诸葛亮、王安石、张居正并列为"中国六大政治家"。

张籍宅

　　张籍在唐长安城先居延康坊（朱雀大街之西第二街街西自北向南之第七坊）北门之西，宅址约在今西安市碑林区白庙路周边；后移居靖安坊（朱雀大街之东第一街街东自北向南之第五坊），宅址约在今西安市陕西学前师范学院一带。张籍（约766—约830），唐代著名诗人，中唐时期新乐府

运动的积极支持者和推动者，世称"张水部""张司业"。字文昌，和州乌江（今安徽和县乌江镇）人。贞元十二年（796），孟郊至和州，访张籍。十四年（798），北游，经孟郊介绍，在汴州（今河南开封）结识韩愈。韩愈为汴州进士考官，举荐张籍，十五年（799）在长安进士及第。元和元年（806）调补太常寺太祝。十一年（816），转国子监助教。长庆元年（821），被韩愈荐为国子博士，迁水部员外郎，又迁主客郎中。太和二年（828），迁国子司业。其乐府诗与王建齐名，并称"张王乐府"，代表作有《秋思》《节妇吟》《野老歌》等。

牛僧孺宅

此宅在唐长安城新昌坊（朱雀大街之东第四街街东自北向南之第八坊），约在今西安市铁炉庙村及其北。牛僧孺（779—847），字思黯，安定鹑觚（今甘肃灵台）人。祖父牛绍，官至太常博士。父牛幼闻，为华州郑县（今陕西渭南华州区）尉。幼时随父客居郑县，15岁时迁居于长安。永贞元年（805），受到宰相韦执谊的青睐，举进士，得上第，任伊阙尉。元和三年（808），以贤良方正对策，署为上第，与李宗闵等共同抨击时政，为宰相李吉甫排斥而久不得志。长庆二年（822）正月，拜户部侍郎，次年为中书侍郎，同平章事。四年（824），敬宗即位，封奇章公，后因宦官当权，出任武昌军节度使。太和三年（829），召为兵部尚书、同平章事，再次入相。四年（830），任兵部尚书、同平章事，成为"牛李党争"中牛党首领。开成二年（837）五月，加检校司空，为东都留守。武宗即位后，李德裕为相，牛氏被贬为太子少保，后加太子少师。会昌四年（844）被贬为循州（今广东惠州）长史。宣宗即位后，李党尽被贬谪，牛党重新得势。大中元年（847），复原官太子少师，同年卒。

孔纬宅

此宅在唐长安城光德坊（朱雀大街之西第二街街西自北向南之第六坊），约在今西安市边家村十字北。孔纬（830—895），唐朝宰相。字化文，曲阜（今山东曲阜）人，孔子第四十代孙。大中十三年（859），进士及第，授秘书省校书郎，历任礼部员外郎、知制诰、户部侍郎、吏部侍郎等职。黄巢攻入唐长安城后，孔纬从唐僖宗逃往蜀地，改任刑部尚书，判户部事。光启元年（885），从驾还京。二年（886）拜相，任兵部侍郎、同中书门下平章事，后改中书侍郎。黄巢起义平定以后，孔纬迁门下侍郎。不久，进位左仆射，加司空；又改司徒，封鲁国公。唐僖宗特赐"铁券"恕十死罪，食邑4000户。大顺二年（891），因支持张濬出兵太原失利罢相，出为荆南节度使，再贬均州刺史。乾宁二年（895）五月，靖难军节度使王行瑜、镇国军节度使韩建、山南西道节度使李茂贞"三镇犯京师"，唐昭宗李晔重召孔纬入朝拜相，后迁司空，兼门下侍郎、同中书门下平章事。同年（895）九月逝世。

宋 元 名 居

寇准宅

北宋时期，在唐将作监原址东部有寇准的府宅。元代，寇准府宅改建为安众禅院，禅院中还保留有莱公祠堂，莱国公即寇准，宅址约在今西安市贡院门南口西大街上。寇准（961—1023），北宋大臣。字平仲，汉族，华州下邽（今陕西渭南）人。宋太平兴国五年（980）中进士，授大理评事、知归州巴东县，改大名府成安县。累迁殿中丞、通判郓州。召试学士院，授右正言、直史馆，为三司度支推官、转盐铁判官。历同知枢密院事、参知政事。后两度入相，一任枢密使，出为使相。乾兴元年（1022）数被贬谪，终雷州司户参军。天圣元年（1023），病逝于雷州。皇祐四年（1052），宋仁宗诏翰林学士孙抃撰神道碑，谥"忠愍"，复爵"莱国公"，故后人多称"寇忠愍"或"寇莱公"，追赠中书令，仁宗亲篆其首曰"旌忠"。寇准善诗能文，七绝尤有韵味，有《寇忠愍公诗集》3卷传世。与白居易、张仁愿并称"渭南三贤"。

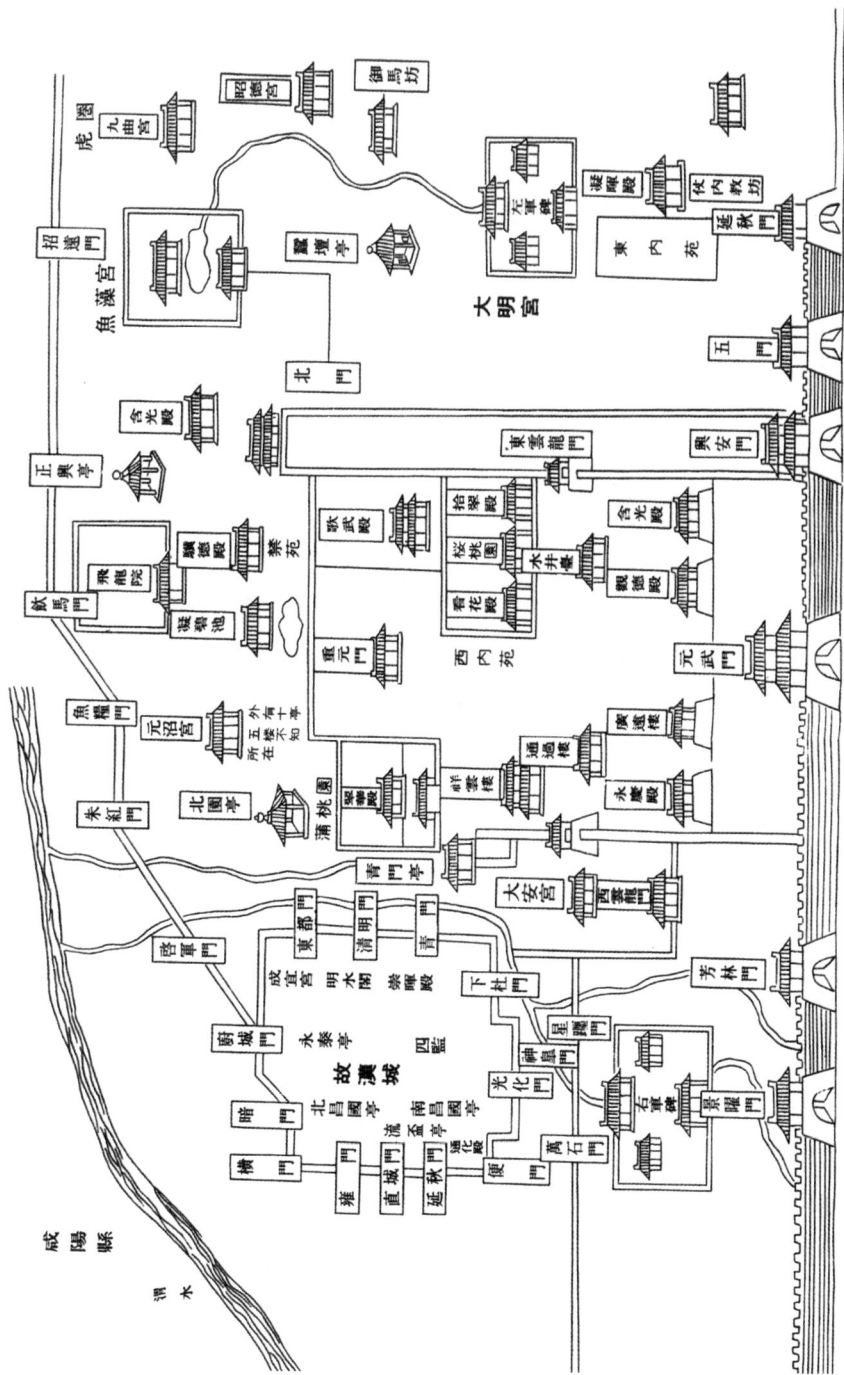

元李好文《三苑圖》

李好文宅

　　此宅约在今陕西省人民政府附近。李好文（生卒年不详），元代中后期著名文人。字惟中，自号河滨渔者，大名府东明县（今山东东明）人。历仕元英宗、泰定帝、文宗、明宗、宁宗、顺帝六朝。至治元年（1321）进士及第，授为大名路浚州（今河南浚县）判官。后入朝为翰林国史院编修官、国子监助教。泰定四年（1327）被任为太常博士，纂修《太常集礼》50卷。后升国子监博士，父母去世之时解职归家。守丧完毕之后，又被起用为国子监丞，拜监察御史。至元六年（1340），皇帝亲自在太庙中举行祭祀，诏令李好文主管太常礼仪院之事。至正元年（1341），拜除国子监祭酒，后改为陕西行台治书侍御史，迁为河东道廉访使。三年（1343），朝廷行郊祀之礼，又召李好文为同知太常礼仪院事。四年（1344），以礼部尚书参与编修辽、金、宋三史。六年（1346），除翰林侍讲学士，累迁太常院使。九年（1349），顺帝开端本堂，以翰林学士兼谕德教皇太子，编《端本堂经训要义》《大宝录》《大宝龟鉴》等。十六年（1356）后，升翰林学士承旨致仕，以一品禄终其身。

明 清 名 居

高岳崧宅

　　此宅位于西安市北院门 144 号，是一座三院四进式砖木结构的四合院，占地 4.2 亩，总居住面积 2517 平方米，房屋 86 间。该住宅始建于明崇祯年间，一世始迁祖高成延于明崇祯十四年（1641）由江苏镇江迁至西安。高氏后人以经商为主业，五世高岳崧于清同治十一年（1872）以一甲第二名高中榜眼，皇帝御赐"榜眼及第"匾额，并下令翻修高宅，此后，

高岳崧宅内院

文官经此要下轿，武将经此需下马。高宅街房、厢房、过厅、二门、上房一应俱全，为南北并列的两组三进院落，分南主院、北主院。南主院入口即为宅院的主入口，大门为生漆木门，拴马桩立于门侧，两个门墩上的浮雕为麒麟、蝙蝠、梅花鹿等有吉祥寓意的动物。进入门厅，沿东西轴线贯穿有南主院的三进院：前院、中院以及后院。由南主院前院向北即到私塾院，此处是北院主轴线贯穿的三进院落。北主院的后院在二层厢房间架设有连廊。院内两侧为厦房，即"房子半边盖"，过厅为硬山明柱出檐式，其前后、东西相对称，正房为二层楼房，屋顶为硬山顶，明柱出檐。上房门的装饰题材为梅、兰、竹、菊四君子。二门的形制为正门带有两个偏门，门楼有精美的砖雕，题材有花、鸟、竹、木以及"平为福""苍竹"等。过厅的房门装饰题材有牡丹、梅花、宝剑、方鼎等。高宅不仅是古人留给我们的一座院落，更是历史的记忆、西安城市的传统和文脉。

马祖印宅

此宅位于西安市北院门西羊市 121 号（老牌号 77 号），建于明末清初，清末民初时马祖印的祖父马子健从原主手中买来。民国年间当地流传着一句话："高家的墙，马家的房，米家的金子拿斗量。"马子健（1875—1954），回族，字象乾。陕西省长安西羊市（今西安市莲湖区）人。清光绪十八年（1892）考取文学士。民国年间，马子健先生积极参加革命，而且对回族的教育事业颇为关心，西安市的第一所回族新式小学便是他创立的。1949 年新中国成立以后，任陕西省人民法院副院长、陕西省人民政府委员。于右任先生曾这样评价马子健："学兄正义感之强，不随波逐流，令人敬佩。"1954年 5 月病逝。马祖印宅的房屋结构保存颇为完整，面积约 600 平方米，院落共四进，由门房、厅堂、厦房以及正房组成。前厅的大堂十分大气，二进门楼悬有"省心宅"匾额。1997年马宅被列为"中挪两国重点历史街区保护项目"中的第三所宅院。

马祖印宅之省心斋

童氏宅院

　　此宅位于西安市大皮院街 76 号，建于清朝。宅院为纵向递进式三进院落，属典型的关中"窄院"：窄门面、大进深，坐南朝北，进深约 70 米，东西宽约 8.9 米。第一进院落为前厅，由门厅、过厅及厦房围合而成，是从入口门楼进入内院的过渡空间，为二合院，面宽约 8.9 米，进深约 10 米，屋顶皆为硬山顶，厦房山墙呈半"人"字形，厅房山墙呈"土"字形。第二进院落为整座宅院的主体部分，平面布局为四合院式，平面呈狭长形，由厅房、东西厦房围合而成，屋顶形制与第一进院落相似。厅房为家中长辈居住的地方，两旁的厦房供家中晚辈居住。在两进院落之后，是一进由一座进深 4 架椽的正厅围合而成的院落，在整个院落的最后是供杂务使用的后院，平面呈横长方形。童氏家族早在明朝时就开始以经营清真牛羊肉为主要生计，颇有名气，"辇止坡"老童家腊牛羊肉已有 300 多年历史。

李振亚宅

　　此宅位于西安市莲湖区光明巷 45 号，建于清朝。李宅的正门在北广济街（原狮子庙街），后门即现今的入口门楼，门口立有上马石、拴马桩；平面布局为纵向递进式三进院落，三座院落相通相连，每个院落都由正房、厢房等组成；山墙呈"人"字形（正房为"人"字形，门房、厢房为半"人"字形）；屋顶为硬山顶；承重结构为抬梁式和石墙搁檩式。李氏家族祖上经营丝绸生意，走南闯北，足迹至于山西、河南、江苏、四川等省份，在西安城内有几家店铺。清道光年间，李振亚的曾祖父李永茂购置此宅。由于历史的原因，李宅现为几家人所有，李振亚李老先生居住的仅为第三进院落的上房，为三间四椽明柱二层楼房。

安守信宅

　　此宅位于西安市化觉巷232号，建于清乾隆、嘉庆年间，占地256平方米左右，整座院子为东西长、南北窄的长方形，是个标准、完整的关中四合院。安宅原本建有四院房子，称"连四院"，如今只剩这一院老宅保存着原先的样子。临街的第一道门为四扇木板门，临街有两间街房，过去用来招待来客；第二道门为两扇黑红漆大门；第三道门为四扇黑漆活动木板门，木雕精美，经过第三道门便进了里院。影壁把院落分为前、后两院，前院较小，后院为民居的主体。影壁墙旁的两扇屏门很少开启，除非遇有红白喜事或重要节日。穿过第四道屏门，即为安家人居住的里院，里院呈长方形，地面为青砖铺砌。后院正东的上房是二层楼，南北两边各有一排对称的厢房。前后院之间的大门门楼正中砖雕"高曾矩矱"4个大字，四周砖雕题材有花鸟、插花瓶、云纹、石榴、葡萄等。上房正屋为"一明两暗"格局。安宅融合了中华传统建筑文化理

安守信宅

念和穆斯林建筑的文化元素，是多元文化完美结合的典范。因具有较高的建筑美学价值，1997 年被列为中挪合作保护的第一座中国传统民居，2003 年获"2002 年度联合国教科文组织亚太地区文化遗产保护奖"。安家祖上经营蜡烛生意，据说安家所营蜡烛没有"芯"，因而燃烧时不向两边倾斜，可直直地燃烧到底。从营建老宅的先人算起，现在的屋主安守信已经是第五代了。

乌大经宅

此宅位于西安市红埠街 78 号，建于清乾隆年间。宅院坐北朝南，呈纵向递进式，全长 200 多米，入口门楼开在小皮院街，红埠街开有后门。入口门楼是高大气派的"走马门楼"，呈"一明两暗"式，门楣上为一块巨大的匾额，上书乾隆皇帝钦题的"都提督府"四字。门前立有两只威武的石狮，门外立有上马石、拴马桩。门厅内是一座"一"字形影壁，与东西两边的厢房和屏门组成了一个方形小院，两边的厢房分别是门房、侍卫房和停放轿子的地方。二道门有四根门柱，门楣上有一牌匾，上书"进士"二字。顺着屏门两边下去是东、西两排厢房，前厅堂前的院子中间有两棵名贵的树木：一棵秋海棠，一棵白丁香。过厅在第三进，此院是主人起居生活的地方。楼厅在第四进，为绣楼院，也是全院最高的建筑。乌大经（？—1804），陕西长发回民，清乾隆二十七年（1762）中武举，第二年（1763）获武进士。乾隆三十九年（1774），抵挡并镇压了山东王伦起义，被提拔为江西南赣镇总兵。乾隆四十八年（1783），由总兵升至广西提督，3年后调补云南提督。嘉庆九年（1804）去世。

王杰宅

此宅位于红埠街东口路北，建于清乾隆年间。宅院面阔八间，其中西边五大间是正院的门房，东边三间是偏院的街房。这个大院的地基和房屋都比它的两邻高，水磨砖的墙体很是坚固，正偏两院都是三进深，正院大门内有座二层高的楼房。这所大宅在清末、民国几经易手，成为普通市民聚居的杂院，后来在旧城改造中被拆除。王杰（1725—1805），清朝开国后的第一名陕西状元，乾隆、嘉庆朝著名的陕籍大臣。字伟人，号惺国，陕西韩城人。他为官40余载，位居朝廷中枢10多年，先后任内阁学士、右都御史、军机大臣、上书房总师傅、东阁大学士等职。王杰为官清正，刚直廉洁，在嘉庆朝主持审理了和珅贪污一案，名扬四海。主要著作有《惺园易说》《葆醇阁集》等。嘉庆十年（1805）去世。

年羹尧宅

　　此宅位于西安市大学习巷93号。年羹尧（1679—1726），自幼读书，颇有才学，清康熙三十九年（1700）中进士，曾多次担任四川、广东等省的乡试主考官，后升任内阁大学士。康熙四十八年（1709）担任四川巡抚，康熙五十九年（1720）担任川陕总督。雍正继位以后，年羹尧备受倚重。雍正二年（1724），年羹尧平定青海战事，晋升一等公，威震西北，又可参与云南政务，不仅在西部问题上大权独揽，还一直奉命参与朝政。雍正三年（1725），皇帝对年羹尧的不满开始公开化，四月，解除其川陕总督一职，调任杭州将军，并勒令其交出抚远大将军印。调任杭州将军后，内外官员纷纷揭

年羹尧故居

发年氏罪状，雍正皇帝以"俯从群臣所请"为名，将年羹尧革职查办，念及君臣旧情，赐其狱中自裁。年羹尧宅为五进三院，现在的大院一进院走建华西巷，二、三进院从大学习巷进。从东往西第一院为前门，下人所住，毁于20世纪70年代末的一场大火。第二院为宅主人的住处，四周为两层阁楼，共有房屋30多间，建筑质量精良，木雕、彩绘精美；北侧的两层厢房，木隔墙雕工甚为精细。第三院为娱乐院，南侧的房屋是一座戏楼，戏台在二层，斗拱屋檐，四角雕有龙头，戏台正对的北侧是主看台，东西两边的厢房为侧看台。

姚文清宅

此宅位于西安市芦荡巷38、40号，始建于清咸丰年间，后陆续修建而成。宅院坐西朝东，分为南、北两个院落，基本单元为四合院。南院为三进院落，面阔五间，为内宅与待客之处；北院为三进院落，面阔三间，院内建有主人书斋与花园，20世纪30年代所建的砖拱无梁结构的二层楼，巧妙地将黄土高原的窑洞与江南的园林厅堂结合在一起，厅堂前为卷棚顶的构造方法，花园颇具苏州园林风格。姚宅南、北两院的回形花廊以及后楼的墙壁上，有十几块精美的大型砖雕、木雕，题材均为古典小说故事，如"夜战马超""三英战吕布""空城计""梁红玉击鼓退金兵""黛玉葬花"等。宅主人姚文清祖籍陕西泾阳，为晚清民国时期的大商人，主营茶叶、石蜡、布匹，足迹达于四川雅安。

路元锡宅

　　此宅位于西安市周至县终南镇毓兴村西南部，建于清乾隆四十四年（1779）。路宅坐北朝南，初建成时总占地面积约1300平方米，为纵横交错式大型庭院，由东院、中院、西院3个相对独立的院落横向并联组成，3个院落的正房共15间并联于一起，每院又有两进。宅院落成，主人路元锡将之命名为"蒲编堂"。如今中院和西院都只剩下了最北边的二层正房，完整保留下来的仅有东院的二进院，由正房、东西厢房组成。现在的入口门楼其实是原先的二门，门额上有"诗书知礼"4个砖雕大字，左右两朵斗拱雕花，中间是一幅"二龙戏珠"图。正房两层，面阔五间，承重结构为实墙搁檩式，屋顶为双坡流水硬山顶，山墙为"人"字形。东西厢房为一层，面阔五间，承重结构为实墙搁檩式，屋顶为单坡流水硬山顶，山墙为半"人"字形。庭院青砖墁地。据《路氏家谱》记载，终南路氏家族最早一代先祖为路雨云，宅院修建者路元锡则是第十一代，曾任河北新乐、良乡、藁城等县知县。元锡有二子，长子路朝，次子路德。路元锡之后，路氏一门又有多人在朝为官，其中3人成为翰林，此宅亦被称为"路翰林故居"。路家讲究"耕读传家"，重视对子弟的教育，路朝官居奉正大夫，路德则为路氏家族中的首位翰林；路家的第二位翰林便是路德的长子路慎庄，道光十一年（1831）中举，十六年（1836）进士及第，被选为翰林院编修，曾任福建道监察御史；路家的第三位翰林名路岯，为清咸丰十年（1860）的恩科进士。

杨氏"五老爷"宅

此宅位于蓝田县普化镇下杨寨村4组，建于清代。清代时，"五老爷"杨氏一族曾在蓝田县城开着商铺，商号名叫"新生恒"和"广生堂"，发迹于乾隆年间。"连五院"老宅院平面布局为纵向递进式，五院五进深的房子连在一起，形成一个独立的民居群。从西到东，现在的宅主人依次是：第一院杨武社、第二院杨让信、第三院杨增钊、第四院杨丁山和第五院杨嵩山。为适应地形，建成南高北低的形式。五院房子皆为坐北朝南，每个院落皆有五进房子，按顺序分别为门房、厅房、东西厦房、正房以及伙房，从门房到伙房的五进房子，一进比一进高，寓意"节节高升""步步高升"，每进之间以石板台阶相连。屋顶为硬山顶，屋脊两端饰有鸱吻；山墙为"人"字形山墙；立面为一层。

牛兆濂宅

此宅位于西安市蓝田县华胥新街村鹤鸣沟，建于晚清。故居为7孔靠崖窑（沟南4孔，沟北3孔），南面4孔窑洞前有土围墙和门楼，院东边有竹园，门楼上挂有清政府颁发"光绪戊子科文魁"牌匾一块；沟北3孔为学坊窑，沟两边有一座高8米、长10余米的土桥相连。在学坊窑洞前曾有联曰：陶复肇室家，后妥先灵前听事；穴居避风雨，左藏农器右储书。学坊窑内挂有孔子画像，画像两边书：笔落惊风雨，诗成泣鬼神。牛兆濂（1867—1937），即关中民间广泛传诵的"牛才子"，被尊为"关中大儒"和"横渠以后关中第一人"，陕西蓝田人。相传，牛才子出生时，其父牛文博夜梦宋代理学家"濂溪先生"周敦颐来到家中，便为其取名兆濂，字梦周。因其故居和讲学的芸阁学舍皆在蓝田县灞水河川地带，故取号蓝川。牛氏幼年即能过目成诵，后拜在三原著名理学大师贺瑞麟门下。清光绪十年（1884），肄业于关中书院。十二年（1886），补廪膳生员，并被聘为塾师。曾于蓝田芸阁书院、三原清麓书院讲学。辛亥革命后，以清朝遗民自居。主要著述有《吕氏遗书辑略》4卷，《芸阁礼记传》16卷，《近思录类编》14卷等，又曾主纂《续修蓝田县志》。1937年病逝。

董福祥宅

　　董福祥旧居位于西安市红埠街老53号，建于晚清时期，现已拆除，具体形制不得而知。董福祥（1840—1908），清末著名将领。字星五，甘肃环县（今属宁夏）人，官至太子少保、甘肃提督、随扈大臣，赐号阿尔杭阿巴图鲁。同治元年（1862），起兵安化（今庆城），号称十余万，势力扩展至陕、甘十余州县，后投降左宗棠，所部编为董字三营，称甘军。光绪二年（1876），入新疆，参与平定阿古柏之乱。十六年（1890），任喀什噶尔提督。二十三年（1897），奉调防卫京师。次年任武卫后军统领。二十六年（1900），义和团运动迅速发展，清廷采取"招抚"策略，董福祥部武卫军与义和团站在一起，抗击八国联军的侵略，杀死日本驻华使馆书记官杉山彬，并参与围攻东交民巷使馆。八国联军侵占北京时，董福祥率军护卫慈禧太后和光绪帝西逃。1908 年病逝。

景家老宅

　　此宅位于西安市鄠邑区城区景家巷，现存 3 号、9 号、13 号 3 个院落，始建于清代。宅院为典型的关中"窄院"，面阔三间，院落约宽 10 米，3 号院仍完整保留有门房、东厢房和正房。9 号院位于 3 号院东边，院中保留有原来院子的二道圆形门和正房。景氏家族原籍陕西富平，清顺治年间迁至鄠县（今鄠邑区）。景家世代书香，秉承"耕读传家"的传统，在清代曾出过太学生、贡生数人，晚清时期第七代景士端因军功而获封为某地知县。第八代的景栋、景哲、景毅三兄弟开始经商。第九代时，景家考中举人者便有好几位，其中最有成绩者要数景栋之子景凌霄。景凌霄 1902 年中举，次年高中进士，曾在户部任主事，擅长理财，辛亥革命后返回陕西，负责财政工作，不久被任命为陕西省财政厅厅长，后任陕西省议会副议长。

郭家宅院

　　此宅位于西安市长安区王曲街道办事处马场村北部，其地势为村中最高处，坐北朝南，被列为陕西省第四批重点文物保护单位，现辟为长安郭氏民宅博物馆。神禾原上曾有这么一则民谣："冯家的山，杨家的房，芦家的骡马比车长，郭家的金银用斗量。"此处的"冯、杨、芦、郭"正是当时长安地区的"四大家族"。郭振重曾以万两银子捐为朝议大夫二品官职。郭宅始建于清康熙三十六年（1697），后经不断扩建，形成院落11组、占地20余亩、房屋100多间的规模。整座宅院坐北朝南，自东向西一字排开，为两进一组的院落，主要用于主人居住、祭祀；另外还有长工屋，北有一道后门，为车马货物等出入口；最西端有郭家祠堂(已消失)。除了住房，郭家宅院之外还有"柏树林"、马厂、围墙、哨楼、地道等设施，形成一所能防御外来入侵的庄园。现仅存两院。

张志安宅

　　此宅位于西安市灞桥区车丈沟村2组，建于清光绪年间，是灞桥区现存的少数清代民居之一，体量较大，保存基本完好，属典型的关中"窄院"风格，为研究清代关中民居的建筑风格以及当地社会生活等方面提供了重要的实物资料。院落前后两进，坐东朝西，面阔三间，一进院由倒座房（门房）、南北两

张志安宅"墀头"

侧各一座的厦房、正房组成；二进院由南北两侧的厦房、坐东朝西的正房组成。张宅的倒座房、正房的承重结构都是抬梁架，屋顶为双坡硬山顶。一进院的正房进深三架，前后单步梁，三架梁上叉手、驼峰俱存，后部有木板屏风，抱头梁下有穿插枋，木雕精美。二进院正房为二层阁楼样式，进深也是三架。厦房也是面阔三间。据宅主人讲述，清咸丰年间，张氏祖上张洪声开始经营皮货、药材、茶叶、丝绸等生意，足迹至于青海、新疆、天津等地，在西安城创办了"德合生"商号。

李鸿宅

此宅位于西安市开通巷 30 号，建于清光绪年间，本为张姓所有，民国年间，房主因抽大烟变卖房产，卖与李鸿的公公。院子原本有三进：中院即现存的院落；后院为花园，早年还有一口水井，水井上搭建简易的井房，里面敬着龙王爷。现如今，前院、后院皆已盖成普通的民房，仅存中院的上房。上房为砖木结构瓦房，面阔三间，进深两间，房间内顶距地面约 5 米，门槛高约 20 厘米。屋顶为双坡流水硬山顶，青瓦盖顶，椽下有封檐。山墙呈"人"字形。屋脊为预制屋脊，砖雕精美，两端螭吻颇为威严。上房立面为一明两暗式，屋门呈两扇对开，也称艾叶门，裙板上雕刻有"郭子仪大拜寿"，上部窗格为几何形花格，雕有十字穿海棠、拐纹灯笼等图案。窗户为木条镶拼成各式几何图案的小格窗，雕刻内容为"八蛮进宝""关中八景"。

于福明宅

此宅位于西安市长安区大兆街道三益村，建于晚清时期。院落坐南朝北，南北两进，平面呈窄长形，东西宽 10.6 米，南北长 42.3 米，占地面积 448.38 平方米，自北向南依次由北院的门房、东西厢房、厅房、南院的东西厢房、上房构成。门房为上、下两层，二层为阁楼。门房正中为正门，门为两扇对开木板门，高 2.4 米，宽 1.64 米，门道两侧的墙壁上有方形砖框，原有精美的砖雕。门房屋顶为双坡硬山顶，屋面铺设灰陶小板瓦，正脊由三层小青砖平铺而成，两端向上翘起，屋面两侧各有一道板瓦铺成的垂脊，屋檐的下滴水为莲花纹。北院的东西厢房对称，形制基本相同，只是东厢房略高一些，厢房的屋面铺设有灰陶小板瓦，正脊为灰陶波涛纹脊瓦，屋面两侧各有一条垂脊，由板瓦铺成，屋檐下残存有三角形连

于福明宅

花纹滴水。厅房的承重结构为抬梁式，前门为格栅门，下部木雕的题材以山水、花草为主。大厅原本为三开间的大通间，20世纪90年代用砖墙将其分隔成三间，当中一间为客厅，两侧房间为卧室。南院东西厢房对称，形制基本相同。上房为二层结构，二层为阁楼，门为四扇格栅门，中间两扇对开，下部雕刻山水花草图，房前西侧有木楼梯相通。于家本是普通农户，现宅主于福明的祖父于克禄晚清时期在西安开办了"天福德""金玉堂"两个商号，经营货物、布匹、农具、药材以及日用百货。后来在商洛、安康、汉中开设有多家分号，于氏家族发达起来，业务范围及于四川、湖北等地。民国年间，于福明的父亲于德洲捐资创办了村中北寺内的学堂，即今"三益小学"，为村里的教育做出了不小的贡献。

郗卫宅

此宅位于西安市碑林区亘垣堡6号，建成于清光绪十七年（1891）。宅院为纵向递进式五进院落，面阔五间，进深100多米，正门在南，位于亘垣堡，后门在北，开在龙渠堡。院子里布局精巧，每进房子前有门厅，两侧有回廊小路。第二进院子里建有一座雅致的凉亭，凉亭周围栽着海棠树、紫荆树。楼房有地上两层、地下一层，院中是一处天井，整栋楼10多米高。地上的第一层高出地面五六十厘米，除墙体是砖外，其余部分基本都为木质结构。东西两面砖墙上各嵌着一块石碑，分别刻着"宁静""淡泊"。黄褐色的木门上雕花精美，题材为"孔融让梨"以及"二十四孝"故事。大厅两侧是供居住的主人房，房间内陈列着深色的木柜，柜上铜锁多为石榴瓶状把手。郗卫为宅院的第四代主人；第一代主人为其曾祖父郗金铭，善经商，主营药材生意，在西安府城开有自己的商号；第二代主人为其祖父郗朝俊，陕西著名的法学家、陕西省最早赴日留学生之一，担任过陕西最高法院推事、立法院立法委员、陕西高等法院院长、西北大学法律系教授等职，著有《法学通论》《刑律原理》《刑法原理》等著作；第三代主人为其父郗昌麒，也曾留学日本。

民国名居

丁旭宅

　　此宅位于西安市大麦市街 38 号，建造于民国时期。据宅主人丁旭先生讲述，清乾隆年间，丁氏先人从河南桑坡迁徙到西安，定居于大麦市街的回族聚居区。丁宅为横向联院式大型宅院，"关中窄院"为其基本单元，从东边的大门到最西头的后院，本来共有五进。临街处为五间街房，房北边开一道门，进去便是南院，称"官厅"，专门用来接待客人，即现在保留下来的大麦市街 38 号大院；丁家目前所住的地方曾是"正院"，是宅主人的日常起居之所，该院南北两侧分别有小门，与南院、北院相连接。走过砖雕精美的垂花门楼（与北京四合院中的垂花门颇为相似），便来到第三进院落，即北院，也称"花厅"，是主人休闲养花的去处，厅房上面高悬"忍耐堂"匾额。再走过一排厅房，便来到第四进院子，该院为楼房院。楼房的后面还有一座后花园，是为第五进院落。丁宅屋顶形制都是硬山顶。厢房山墙呈半"人"字形，厅房山墙呈"土"字形。丁家祖上有尚武的传统，丁旭的老太爷丁殿甲曾为西安府城西门的管带，其祖父在清朝时中过武举人。

督军老宅

此宅是民国年间陕西省的第一任督军陈树藩的宅第，建于20世纪初，位于西安市夏家什字17号，在西安古民居中颇为典型，为标准的"关中窄院"。宅院坐北朝南，三进院落，面阔三间，院落布局完整，由入口门楼、沿街的门房、过厅、厢房、上房以及后院构成。入口门楼为垂花门式，砖雕精美，门旁立有抱鼓石；厅房、上房建筑质量精良，皆为明柱带廊式，屋顶为双坡流水的硬山顶，山墙呈"人"字形；厢房屋顶为单坡流水硬山顶，山墙为半"人"字形。2002年拆除。陈树藩（1885—1949），陕西安康人，清光绪十一年（1885）出生于一个绸缎商人家庭，三十一年（1905）入陕西陆军小学学习，次年被保送至保定陆军速成学堂炮科，毕业后回陕。1911年辛亥革命期间，陈树藩为西安起义的主要策划者、领导者，率先带领新军冲入西安府城军装局弹药库。1917年7月任陕西督军，集军政大权于一身，投靠了皖系军阀段祺瑞。1920年直皖战争爆发，皖系战败后，段祺瑞被迫下台，陈树藩失去了靠山，遂改投张作霖、曹锟二位军阀。陈树藩曾提出"陕人治陕"的自治主张，终因社会各界人士抵制而告终。1921年5月25日，北京政府罢免了陈树藩的职务，陕西督军之职由直系军阀的第二十师师长阎相文出任。阎相文死后，冯玉祥接任，派第十一、十七师由宝鸡、安康两路夹攻汉中府，陈树藩向南出逃至四川，后来经万县抵达汉口，再转上海。抗战爆发后，颇有民族气节，拒绝当汉奸。1949年病逝。

张凤翙宅

　　此宅位于西安市东大街菊花园 10 号，建于民国年间，为当时西安地区唯一按陕西都督府规格建造的十间庭院。入口门楼为高大的走马门楼，有门厅、门房，大门是两扇厚重的黑漆门，有一对石鼓竖在门框两边；院落正房面阔十间，屋顶为硬山顶，山墙为"人"字形山墙；东西两侧为东西厢房，屋顶为硬山顶，山墙为半"人"字形；整个院子为青灰砖铺地。张凤翙在房子最多时拥有 160 院房屋供出租。张凤翙（1881—1958），字翔初，河南沁阳人。清光绪三十年（1904），被清政府陆军部选派赴日本学习军事，先后在日本东京振武学校、日本陆军士官学校深造，宣统元年（1909）毕业回国。宣统二年（1910）在陕西新军任职，曾任督练公所委员、39混成协司令部参军、参谋兼二标一营管带。辛亥革命期间，被陕西革命党人推为西安起义的总指挥、秦陇复汉军大统领，亲赴战场指挥。1912 年，任陕西都督。1914 年被大总统袁世凯调入北京闲置。1917 年，曾组织力量反对张勋复辟。1924 年，驱逐陕西都督刘镇华受阻。抗日战争期间，拒绝与日本人合作，坚持在大后方支援抗战。1949 年 5 月 18 日胡宗南逃离西安时，以"保护安全"为名，将张和寇遐、马彦种等裹挟到汉中，拟送台湾，张等坚决不从，遂被送往兰州。兰州解放后，彭德怀曾派专人慰问和照顾他们，8 月下旬张等人回到西安。1949 年以后，担任过西北军政委员会委员、西北行政委员会委员、陕西省人民政府副主席、副省长等职。1958 年病逝。

宋伯鲁宅

宋伯鲁在西安城曾住过不少地方，"二虎守长安"期间住在西安市莲湖区夏家什字，后住五星街，如今皆已拆除，宅院的具体形制已不得而知。宋伯鲁（1854—1932），近代著名学者。字芝栋，号芝田，陕西礼泉人，堪称清末民国年间陕西第一人。师从"关学宗传"柏景伟，清光绪十二年（1886）中进士，选庶吉士，任翰林院编修。十七年（1891）任顺天府乡试同考官。二十年（1894）任山东乡试副考官，奉命典试山东；二十二年（1896）任都察院山东道监察御史、掌印御史。戊戌变法中支持新政，二十四年（1898），联络杨深秀等在北京发起关学会，与康有为、梁启超交往，代康有为递呈变法奏章。变法失败后被罢官，入狱3年。三十一年（1905）随伊犁将军长庚至迪化（今乌鲁木齐），主持新疆通志局，于三十四年（1908）纂成《新疆建置志》《新疆山脉志》各4卷。辛亥革命中担任秦陇复汉军兵马都督张云山的参谋军务兼秘书长，1923年以后任陕西省通志馆馆长兼总纂，主持纂修《续修陕西省通志稿》。1927年春，曾致函冯玉祥制止士兵破坏八仙庵藏书和文物，冯当即下令八仙庵驻军撤出。同年陕西关中大旱，宋从朱子桥（庆澜）等军界人士处募款数万元，命门生散赈，每晚亲自过问赈济情况。宋氏擅长书法、绘画，其书画历来为收藏家所重，书法追踪"二王"，小楷功力深厚，行书笔力遒劲。著有《心太平轩论书》《心太平轩论画》《海棠仙馆诗集》等。1932年去世。

张学良公馆

　　此宅位于西安市新城区建国路8号，始建于1932年。1935年9月13日，蒋介石为了"围剿"陕北红军，自任总司令，张为副总司令代行总司令之职。随即，张从汉口迁驻西安，租用了西北通济信托公司刚刚竣工的金家巷5号冯钦哉的房子，作为公馆。张公馆占地11.56亩，围墙由青砖砌筑，大门开在北墙正中。大院由东向西，建有三座三层砖木结构的西式楼房，小青瓦盖顶，平面呈"十"字形，楼门均向北开。各楼北侧，均建有一个小花台。东楼是机要楼；中楼是副官办公楼，内设客厅、会议室等；西楼是张学良和赵四小姐的住处，其中，三楼为居室，二楼设办公室及机要室，地下室住副官，该楼西南角设中餐厅，楼和餐厅包在围墙之中，独成一院。公馆东南角还建有警卫、勤杂人员居住的平房及餐

张学良公馆

厅；西南角设网球场；西北角设停车场；靠西墙设有西餐厅。

张学良（1901—2001），中国近代著名爱国将领，奉系军阀首领张作霖的长子。1920年毕业于东三省陆军讲武堂，"皇姑屯事件"之后继任东北保安军总司令，坚持"东北易帜"，为祖国的统一和民族团结做出了巨大的贡献。积极主张抗日，反对内战，曾同杨虎城一起发动"西安事变"，后被蒋介石软禁。1990年起，全面恢复人身自由。1995年离开台湾，侨居美国夏威夷，直至2001年去世。

杨虎城公馆

此宅即止园，位于西安市青年路止园饭店西侧，建于1935年。杨公馆坐北面南，占地3.9万平方米，分正、偏两院，正院格局为门厅、大厅、女厅和后楼房，中间3个院落两侧皆有外厢房、内厢房多间；偏院为杨将军的书房及花园等。中心建筑是一座中西合璧砖木结构的三层小楼，占地面积424.12平方米，楼顶飞檐翘角，二层缩进，成三面阳台，背面置楼梯，其建筑、装饰均为中西合璧，杨将军与其母孙一莲、夫人谢葆真、张惠兰均曾在此居住过。杨虎城（1893—1949），近代著名爱国将领，陆军二级上将，西安事变的发动者之一。陕西蒲城人，刀客出身。早年组织"孝义会""中秋会"，以劫富济贫、扶弱抑强为宗旨。辛亥革命中参加西安起义。1915年，加入陕西护国军，次年所部被编为陕西陆军第三混成团第一营，任营长。1924年10月，冯玉祥发动北京政变，成立国民军，

止园

杨以陕西国民军前敌总指挥名义率部由陕北至关中。自国民军第三军孙岳部入陕后，杨部改编为该军第三师，杨虎城任师长。1930 年，任第十七路军总指挥，主政陕西，势力遍布陕、甘两省。1936 年，联合张学良发动"西安事变"。1949 年 9 月 6 日，于重庆中美合作所之戴公祠被杀害。

孙蔚如宅

此宅位于西安市灞桥区豁口村南巷西头，建于民国时期，现为西安市文物保护单位。孙宅分南北两院。南院属祖业遗迹，具有明清建筑风貌，布置考究、精致，入口门楼在右，入大门向西，便是构造精致的二门楼，入二门楼，即为宽敞的院落。东西两旁是厦房，面阔三间；后边为正房，面阔五间；西边还有空院及柴火房，出了西边的后院门，约 1 丈宽便是南城墙根。北院面阔三间，有一幢二层转角楼，山墙为"土"形山墙，是后来在孙蔚如手上所置。孙蔚如（1896—1979），名树棠，字蔚如，陕西西安人。1918年陕西靖国军成立后，他投笔从戎。1922年，投奔杨虎城部队，历任营、团、师长，屡建战功。西安事变后，孙蔚如任第三十八军军长，兼陕西省主席。七七事变后，参加了抗日战争，任集团军总司令，屡建战功。建国后，历任民革中央常务委员、陕西省政协副主席、陕西省副省长、第五届全国政协委员等职。1979年逝世。

张伯英公馆

此宅位于西安市南院门甜水井街冰窖巷8号，建于清末民初。张公馆坐北向南，为三进四合院，面阔七间。入口门楼为广亮大门，门外有一棵很大的古槐树。前院由门房、东西厢房（面阔五间）组成，主要用于接待；中院由两层正房、东西厢房（面阔五间）组成，主要用于居住，为张公馆的内院；后院为杂务院，供家中仆人居住，今已被拆除。张钫（1886—1966），字伯英，号友石，河南新安县人。清光绪二十八年（1902）到陕西，光绪三十年（1904）后入陕西陆军小学堂、保定陆军速成学堂炮科学习。宣统三年（1911）八月，武昌起义爆发，时任陕西新军混成协炮队排长；九月，与张凤翙、党仲昭等举义于西安。陕西光复后，任东路征讨军大都督，率部迎击清军赵倜、赵符麟部于潼关、阌乡、灵宝等地。1912年11月，任陆军中将，同时所部被编为陕西陆军第二师，任师长。1914年6月，任陕南镇守使，驻汉中。1915年5月，调任将军府参军。1917年张勋复辟，任陕西讨逆军第一支队司令。1922年春，创办陕县观音堂民生煤矿公司，以解民困。1924年，任略威将军。1928年，任河南省政府委员兼建设厅厅长，并兼河南赈务委员会主席。抗日战争爆发后，初任第十二军军团长，后任第十九集团军总司令、第一战区预备军总司令。1938年，特任军事参议院副院长。解放战争后期任鄂豫陕绥靖区主任。1966年5月病逝。

高桂滋公馆

　　此宅位于西安市建国路83号，始建于1933年，系全国第二批重点文物保护单位，现为陕西省作家协会使用。高公馆是由前院西式主楼与后面三座相对独立的四合院组成的建筑群。主楼坐北面南，是一座中西合璧的二层楼房，占地面积286.65平方米，一楼为半地下式，二楼面阔五间，进深四间，屋顶为硬山顶。二楼正中为三间，前有回廊，东、西两侧辟有偏门，并建有阳台。二楼北侧分别辟有三间卧室、一间小客厅和两个储藏室。二楼南侧近东墙处为主卧室，紧邻其西侧为一小餐厅；二楼南侧近西墙处为大客厅。楼内及楼道均铺有地板砖。主楼前为圆形喷水池及汽车通道。三进四合院建于主楼东侧，坐北朝南，既有通道联系而又相互独立，各个小院栽有紫荆、海棠、丁香、蜡梅、白玉兰、合欢树等名贵树种。高桂滋（1891—1959），字培五，陕西定边人。幼时读私塾4年。1911年参加西安起义，并加入同盟会。1912

年入陕西讲武堂，毕业后任定边县保安队队长、连长。1922
年，因反对井岳秀失败，到直隶顺德（今河北邢台）投奔胡
景翼，任骑兵营营长。1927年初，任国民革命军独立第八师
师长，5月任国民革命军暂编第十九军军长。七七事变爆发
后，任第十七军军长兼第八十四师师长，从7月到12月底，
连续参加了南口、沙城、火烧岭、平型关、忻口、太原等重
大战役。1943年底，高部驻甘肃固原受命封锁陕甘宁边区，
开辟了固原经王洼子到三岔的秘密通道。1945年，在重庆陆
军大将班学习时，由章伯钧、杨子恒介绍加入中国民主同盟。
抗战胜利后，任第八战区副司令长官、西安绥靖公署副主任。
新中国成立后，先后任西北军政委员会委员、农林部副部长、
西北行政委员会委员、参事室主任等职。1952年，高变卖房
产捐献1架飞机支持抗美援朝。后任陕西省人民委员会参事
室主任、第一届省政协副主席等职。1959年1月病逝。

于右任宅

　　此宅位于西安书院门 52 号（原 20 号、30 号），即于右任故居纪念馆。此宅始建于 19 世纪末 20 世纪初，由于右任的二弟于孝先（字佰行）购入，作为于氏家族的住宅。院落为典型的关中"窄院"，砖木结构，三进院落，面阔三间，进深 80 米，占地面积 800 平方米有余，建筑面积 500 平方米，由门房、花园、厅房、厢房、上房、后院组成。于右任（1879—1964），陕西三原人，原名伯循，字诱人，后以"诱人"之谐音"右任"为名，近代中国著名的政治家、国民党元老、教育家、书法家。光绪二十九年（1903）中举人，后加入同盟会。中华民国成立后，在南京临时政府任交通部次长。1918 年任陕西靖国军总司令，后任国民联军驻陕总司令，此后长期担任国民党监察院长。于老一生重视教育，为复旦大学、

于右任故居

上海大学、国立西北农林专科学校（今西北农林科技大学前身）的创办人和复旦大学、私立南通大学校董等。创办过《神州》《民呼》《民吁》《民立》四报，以启发民智。先生一生爱国，晚年羁留台湾，1962年创作《望大陆》诗。1964年病逝于台北。

窦自强宅

此宅位于西安市东木头市108号，为西安现存的唯一具有西方建筑装饰风格的传统老宅，建于民国时期，为当年杨虎城将军秘书窦自强的家宅，也称"窦家大院"。宅院坐北朝南，平面布局为关中"窄院"，一进院落，由门房、东西厢房、正房组成，屋顶皆为硬山顶。门房、正房的山墙为"人"字形。东西厢房的山墙为半"人"字形。建筑的细部多为西方古典花式，这在西安民国时期的建筑中实属罕见。如，正房门两侧是爱奥尼柱式，这种柱式产生于公元前6世纪小亚细亚的爱奥尼亚地区，源自用小木材拼装成的结构和平屋顶房屋，特点是柱身较细，收分也较小，又被称为女性柱。柱身有24条凹槽，柱头有一对向下的涡卷装饰。厢房门两侧是陶立克柱式，这种柱式诞生于伯罗奔尼撒科林斯地区，外形庄严肃穆。窦自强（1900—1968），早年在韩城教书时，帮助杨虎城躲过了一难。杨感激窦的救命之恩，便招他从军，先后任用其为副官、秘书，并为他在西安城东木头市购得此宅相赠。1949年以后，窦担任过西安市第一届政协委员、西安市人大代表。曾出资接办东木头市幼儿园、伦海小学。1968年病逝。

高培支宅

　　此宅位于西安市碑林区兴隆巷 42 号，建于清代中叶。宅院占地 450 平方米，方位坐北朝南，由南至北依次有门房、厢房、过厅、砖雕门楼、厢房、上房等建筑，是关中两进三开间的标准民居。砖雕门楼有一个正门、两个左右耳门，中门额镌刻"平为福"三字，耳门洞上刻"竹苍""松茂"四字。院落西南角有井一口，水虽清而味咸。过厅有"退思处""孝阙流芳"两块匾额，后者为中华民国第四任大总统徐世昌所书，上有"荣典之玺"。过厅东为书房，藏有高氏本人以及于右任、宋伯鲁、寇遐等社会名流的墨宝。高培支（1881—1960），名树基，字培支，别号悟皆，陕西富平人。清末拔贡生，毕业于陕西高等学堂，后加入同盟会。1912 年创办《秦中公报》，同年与李桐轩、孙仁玉、杨西堂、薛卜五、范紫东、王伯明诸位先生以振兴西北文化、提倡西北实业、移风易俗、辅助社会教育为宗旨，创办陕西易俗伶学社（即"易俗社"），并 4 次出任社长。因其有功于社会教育，1914 年，教育总长汤化龙为他颁发二等金色嘉祥章。1916 年 5 月，被陕西督军陈树藩委任为陕西省图书馆馆长。自 1920 年起，历任各中学、师范学校的国语、国音、算术教员，直至 1949 年解放。西安解放后，任易俗社副社长，同时担任西北军政委员会文教委员会委员，省、市政协委员、文联委员、剧目修审会委员。1960 年 1 月 3 日去世。

后记

人事有代谢，往来成古今。

古都西安，有着3000多年的城建史和1200多年的建都史，位列世界四大古都，有"天然历史博物馆"的美誉。古民居，是历史的"记忆"，有人把西安古民居称作是"历史名城的真实守望者"。一座城市的历史文化底蕴，要靠"老房子"来体现。西安地处"八百里秦川"，这片特殊的土地孕育出了颇具地域色彩的民居建筑，与江南民居相比，显得雄壮有力。本书所写的西安"历史名居"，主要指规制较高、建筑质量较好的"大型宅第"，为近代社会及其以前的达官贵人及富商巨贾的住宅，在建筑空间布局与艺术创作上极具代表性地反映了那个时期民居的设计和建造水平，称得上是中国建筑文化的宝贵遗产。西安现存的古民居，散落在老城区的大街小巷里，主要分布在柏树林、化觉巷、北院门等老街巷。西安回坊有一句流传了上百年的话："高家的墙，马家的房，米家的金子拿斗量。"其中所指的高宅、马宅皆为西安古民居的"活化石"，高宅即书中所列高岳崧宅、马宅即马祖印宅，此二宅布局严谨、方正封闭、参差适度、对称和谐。

现如今，西安古民居之于我们的生活，已经渐行渐远。随着时代的发展，在城市建设的大潮中，未列入文物保护单位的古民居皆难逃被拆迁的命运。相对而言，现存的古民居是幸运的，当西安有关部门认识到古民居保护的重要性以后，采取了一定的措施，抢救性地保护和开发了一批古民居，建立了一些古民居博物馆、民俗馆供人参观，如关中民俗艺术博物院、长安郭氏民宅博物馆等，此举对于区域古民居的保护具有推动意义，所积累的成功经验值得其他地方借鉴。

"历史名居"集中了西安传统民居的精粹，如高岳崧宅、年羹尧宅、高培支宅等皆为西安民居中不可多得的典范之作，能够让读者了解西安历史名居的科学价值与艺术价值。遗憾的是，书中所录各朝代名居的数量并不均衡，原因有二：其一为文献资料参差不齐；其二为中国传统建筑承重结构的特殊性。由于中国传统建筑主要由木结构承重，难以长时间保存。现存的名居本已是凤毛麟角，又以建于清代、民国年间者为主，建于明代者都较少见。除现存的名人宅院以外，占比重较大的是隋唐时期的名居，这要得益于《两京新记》《唐两京城坊考》等传世文献的相关记载，然而，这些名居的具体形制已经不得而知。

多年以来，古都西安名人辈出、名宅荟萃。然而，受篇幅所限，书中只是挂一漏万的列举，加之笔者水平有限，不足之处，还望各位读者批评指正。感谢著名历史学家杜文玉教授的主编审读，感谢西安曲江出版传媒股份有限公司的信任，感谢陕西师范大学中国历史地理论丛编辑部王向辉博士对笔者的举荐，感谢范婷婷、邢美芳、袁胜捷诸位编辑老师的辛苦工作。

是为记。

祁剑青

2017 年 9 月 15 日